여름에 내가 원한 것

여름에 내가 원한 것

서한나 산문

Prologue

페티시스트 같긴 하지만 실제로 사랑을 하는 것보다 사랑 이야기를 들으며 사랑을 짐작하고 그려보는 것이 더욱 마음을 움직인다. 마찬가지로 상상 속 여름을 만들어내고 증폭시키고 그것을 진짜라도 된다는 듯 여기는 것이 즐겁다.

내가 탐닉하는 여름의 이미지는 실제 여름과 별 관련이 없을지도 모른다. 내가 하는 사랑보다 내가 사랑하는 사람이 했던 사랑이 더 달콤하고 실감 나며 애절하게 느껴진다. 그것은 내가 글을 써서 하고 싶은 일이기도 하다. 실제보다 부풀리고 없는 것을 상상하면서 현실이 뭐라도 되는 것처럼 느끼는 것. 사라진 것이 내 곁에 어떤 식으로든 존재한다고 느끼는 것.

좋은 타이밍에 커피를 마시며 한가로운 시간을 보내는 것이 순간일 뿐이리도, 현장 학습으로 갔던 청보리밭 앞에서 바지를 걷고 삶은 감자를 먹으며 바람을 느꼈던 날이나 좋아하는 사람과 바위에 걸터앉아 있는데 자꾸만 파리가 날아와 다리가 간지러웠던 것에 관해 읽고 쓸 수는 있다. 밤에 들었던 음악이 얼마나 소름 끼치게 좋았는지도.

아닌 게 아니라 이 글을 쓰는 동안 짐승처럼 노래하는 사람의 음악을 들었다. 땀 흘리는 영화를 보았다. 테니스코트에서, 수영장에서. 동시에 서로를 원하면서 한마디도 하지 않는 영화를 보았다. 가사가 없는 음악을 들었다. 나에게는 그런 것이 여름의 상태다. 권태와 매혹이 모두 하루에 있고, 한낮과 한밤중이 그렇게 다를 수 없다. 어느 여름날 행복했던 시간을 묘사하는 것보다도, 어떤 시간을 살든 여름의 상태로 산다는 것에 관해 이야기하고 싶었다.

노래도 하고 글도 쓰는 지인은 대화 끝에 '피 냄새가 나는 글'이라는 말을 했다. 나는 감흥을 느껴, 그 뒤로 그의 말을 여러 자리에서 사용했다. "피 맛이 나야죠. 피 냄새가 안 나요. 손모가지 걸어야죠." 이 책은 여름에 관한 것이니만큼 온몸으로 노래하는 사람처럼, 왕중왕에게 덤볐다 처절하게 패배한 선수처럼 그렇게 쓰려고 했다. 무언가를 향한 안달복달과 그 후에 오는 소강상태는 아무렴 이 계절의 것이다.

차례

프롤로그 4

1부 연인들

나는 도울 거야 당신의 지옥을	13
여름의 연인	16
선배	20
통조림 체리	23
하필 오늘 거기	28
해로운 즐거움	31
펀치드렁크러브	37
우리는 서로에게 최면을 걸어줄 수도 있다	40
완벽한 디저트	42
첫 키스는 사과 맛	44
순성	47
사랑에 빠진 사람이 견딜 수 없는 것	51
너무 쉽게 사랑에 빠지는	57
여름 산책길	62

내 것이 아닌	65
먹다 남긴 오차즈케	69
서정이 하는 혁명	72
짧은 영상	76
오리지널 러브	79
더워지고 싶어서 그 시집을 샀다	84
학교 운동장	87
애인을 만들고 싶은 여자	92
모든 걸 저에게 알려주세요	96
유성 시장	99
언니는 한국어로 사랑을 고백할 수 있어?	103

2부 감각들

여름의 상태	113
집에서 음악 듣기	115
호사	117
여름에 대한 생각	120
카밤	122
가히 여름의 물건	125
옷장 안의 포부	129
여름 양파	132
수박	134

여름 오이	136
1954년의 여름	139
여름에 음식을 먹는 한 가지 방법	143
최고의 바닐라슈 찾기	146
맥도날드 아이스크림	149
여름의 설탕	151
소나기	154
고등학교의 여름	156
여름 바람	158
도피처	160
여름에 내가 반한 것	163
여름이면 갖추고 싶어지는 장비	167
나의 여름 트랙	170
욕망은 과하고 여름은 허용하고 카메라는 그걸 찍는다	174
우리 둘을 위해 우리 둘의 미래를 위해서 대화해요	177
대리기사의 사랑	180
여름밤을 보내기 위해서는 그의 목소리가 필요하다	182
더운 나라의 해이함	187
가짜여도 좋은 것	191
감각의 축제	194

3부 장소들

어떤 여름 휴가에 대한 상상	199
여름에 감행한 것	202
하와이에 가자고 말하기	205
LA	207
내 여자의 열대	211
바닐라빈 요거트	217
목욕	219
부여	221
남해에는 족구장이 있다	225
도시의 감정 지도	230
밤 공원 산책	233
저녁의 정글짐	236
여름방학	239
성북동의 여름	242
내가 사랑하는 지하실	245
돌아갈 수 없는 여름	248
국립서양미술관 가는 길	253
비수기의 레몬	256

에필로그 260
추천의 말 263

1부

연인들

나는 도울 거야
당신의 지옥을

 그렇게 말하고 나서 우리는 얼마 안 가 사랑을 시작했다. 이 사람에 대해서는 뭐라고 설명해야 할지 모르겠다. 우리에게 중요한 사람이 그렇듯, 이렇기도 하고 저렇기도 하다. 가만히 생각해보면 그 사람을 잘 모르겠다는 생각도 들고, 한편 이 사람을 나처럼 아는 사람은 세상천지 나뿐이라는 생각도 든다. 그가 어떤 사람인지 설명하고 싶을 때 내가 나라는 것이 답답하게 느껴진다. 나에게 나의 틀과 에고가 있다는 것이, 그래서 그것 때문에 진짜 그에게 다가갈 수 없다는 생각이 든다. 누군가를 사랑한다는 것은 그를 그런 식으로 알도록, 사랑을 경유해서만 알 수 있는 방식으로 알도록 한다는 뜻이다.

그와 나는 행사를 마치고 식사와 술을 파는 가게에 갔다. 아직 어색한 사이였지만 그와 보내는 시간은 재밌을 거라는 확신이 있었다. 길을 헤치며 돌아다니다가 적당히 어둡고 적당히 청결해 보이는 곳에 들어갔다. 그는 1시간쯤 뒤에 일어나기로 되어 있었다. 그걸 알면서도 이미 술을 시작한 나는, 그에게 듣는 단도직입적인 이야기들과 업계의 가십들에 신이 나고 말았다. 그가 나를 얼마나 특별하게 여기고 있는지 알고 싶다는 생각이 스멀스멀 시작되고 있었다. 내가 알기로 그건 위험한 신호였다. '당신을 좋아하는 사람은 당신을 정말 좋아하겠네요' '당신을 좋아하는 사람이 정말 마음이 아팠겠네요'와 같은 말을 대화 사이에 몇 번 정도 하다가 그는 계산을 하고 택시를 타고 집으로 갔다. 그는 떠나면서 나를 위로했다. 애매하게 술에 취해 애매하게 혼자 신이 난 내가 앞으로 보낼 밤 시간에 대한 응원이었다. '으하하하. 어떡하면 좋아, 하지만 난 가야 하는걸.' 그가 탄 택시가 골목길을 빠져나가고, 나는 그에게 내가 찍은 사진을 몇 장 보내면서 인사했다. 그는 다음과 같은 메세지를 보냈다.

'나는 도울 거야 당신의 지옥을.'

농담이었겠지만, 그의 말에 어떤 힘이 있었던 건지 그때부터 나는 외로움과 쓸쓸함의 지옥에 빠져들었다. 이대로 혼자 집까지 어떻게 가야 할지 모르겠는 심정이 되어 있었다. 그것을 제공한 사람이 그것을 제공한 것을 알다니. 나는 그가 다 궁금해졌다.

그와 사귀는 사이가 된 뒤로 우리는 종종 그날에 대해 이야기하곤 했다. 그는 나의 마음도, 자신의 마음도 알고 있었지만, 다시 그 상황으로 돌아간다 해도 집에 돌아가는 시간을 미루지는 않았을 거라고 답했다. 우리가 말하지 않고 국이나 떠먹고 있어도 테이블 아래에서 흐르는 게 어떤 공기인지 알고 또 그것을 당장에 확인하겠다는 생각 없이 우리에게 예정된 괴로움과 즐거움을 있는 그대로 볼 줄 아는 사람이라서 나는 그를 좋아했던 모양이다. 당시에 그는 정말로 나의 지옥을 도왔다. 모든 사랑하는 사람은 사랑하는 이의 지옥을 돕는다. 이 지옥이란 것은 시기마다 달라져서, 사랑이 시작되기 전에는 욕망의 지옥이고, 사랑이 끝난 뒤에는 자기 내면과 혼자 남는 지옥이 펼쳐진다. 그리고 거기에서 무언가를 처절하게 느끼게 하고, 제 발로 걸어 나오게 한다. 그것이 내가 그 여름에 배운 사랑의 힘이다.

**여름의
연인**

 가끔 어떤 연인들은 사찰을 걷다 배를 잡고 웃는다. 자기가 시작한 상황극에 상대가 기막힌 자연스러움으로 받아쳤을 때, 상대가 귀여워 어쩔 줄을 모르면서도 그걸 계속 이어가기 위해 애를 쓴다. 대천의 밤바다에서도 그랬다. 편의점 데크에 앉아 맥주와 소주를 마시는 여자들을 지나, 사람이 아무도 없는 곳까지 걸었다. 그가 바닷물 가까이 가서 파도를 보는 동안 나는 모래 위에 앉아서 미지근한 밤바람을 맞았다. 그 설정은 밤바다 모래 위에 앉아서 시작되었다. 아직은 나의 연인이 아니었던 그와 나는 서로의 대학 시절을 이야기했다. '너는 어떤 학생이었어? 너는 어떻게 학교를 다녔어?' 하는. 그가 말했다. "나는 학교에 잘 안 갔어." 나는 장난기가 생겼다. "학교 좀 와,

너 없으니까 재미없다." 하필 그때 내가 입고 있던 옷이 낚시 조끼였기 때문에, 그 말은 약간 한심하고 뻔뻔한 선배처럼 보이게 했다.

상상 속에서 나는 한나 선배였고 그는 후배였다. 여기서 우리는 여러 설정을 추가했다. 한나 선배에게는 오래된 애인이 있다. 그 애인은 약간 병약하게 생겼고, 둘은 같이 학교 식당에서 밥을 먹는다. 그 애인은 대기업에 취업하는 데 성공하고, 문청인 한나 선배는 낙방을 거듭하다 애인과 결혼한다. 그리고 그때 학교에서 만난 귀여운 후배와의 인연을 이어간다. 클리셰 범벅인 이 이야기는 다음과 같은 설정으로 구체적으로 변한다. 한나 선배는 애인이 사다 놓은 기초화장품을 쓴다. 평일 낮에는 캔맥주를 마시고 텔레비전에서 하는 스포츠 경기를 보다가 옹졸한 자세로 잠이 든다. 그러다 가끔 후배에게 먼저 연락을 하는데, 만나서 둘이 하는 일이란 커피를 마시거나 동네 치킨집에 앉아 있는 것뿐이다. 후배는 딸기를 사서 한나 선배의 집에 놀러 온다. 후배와 한나 선배는 서로 좋아하는 사이지만, 한나 선배는 현재의 안락함을 버릴 수 없다. 후배는 한나 선배의 비겁함에 상처받지만, 문청이었던 과거가 있는 그 둘은 서로를 완전히는 놓지 못한다. 한나 선배는 후배와 있을 때 정말 자기다워지기 때문에…. 잠든 반려인은 약간 무섭고, 후배는 귀엽기 때문에…. 이것이 우리가 완성한 설정이다. '한나 선배는 이래, 그때 후배는 이래.' 한나 선배의 목을 조여오는 애인에 대한 설정도(친구들이 놀러 오는 것을 싫어함. 가끔 냉장고 앞에서 한나 선배를 조용히 불러 단속함) 완성했다. 한나 선배의 한심함이 옷차림이나 집 안팎에서의 행동(분리수거 담당)과 잘 어울렸고, 그건 실제 나의 어떤 면을 반영하고 있기도 하고 전혀 다르기도 해서, 어디까지나 상상이라는 걸 서로 알고 있었으므로 점입가경일 수 있었다.

중요한 건 사랑에 빠진 두 사람이 그런 식으로 하나의 이야기를 만들면서, '너도 그런 사람 알아? 그런 사람은 이렇잖아' 하며 자기만 가지고 있던 편견을 말하고, 상대도 그게 뭔지 안다는 걸 자기만의 방식으로 들려줄 때 그게 너무 잘 맞아서 배를 잡고 웃게 되는 것이다. 아무것도 없는 밤바다에서 머리 두 개만으로 그렇게 시간 가는 줄 모르고 웃을 수 있다는 게, 이야기를 끝내고 나서 어딘가에 살고 있을 그 둘을 응원하는 마음을 가진 것도 우리만 할 수 있는 것처럼 느껴졌다. "둘이 잘 살았으면 좋겠나." "응." "후배가 난 더 마음 쓰여." "응." 상상을 합치는 것만큼 즐겁고, 그와 내가 닮은 인간이라는 확신을 주는 기쁨이 없어서, 우리는 연인이 된 뒤로도 한나 선배와 후배가 지금 어떻게 지내고 있을까 이야기했고, 후배는 외국으로, 한나 선배는 더 이상 글을 쓰지 않는 과거의 문청으로 살고 있다는 데까지 이야기는 진행됐다. 이야기 속에서 후배는 한나 선배를 좋아하고, 한나 선배도 후배를 좋아한다. 그날 우리는 숙소에 돌아와서까지 이야기를 이어갔고, 편의점에서 산 캔디바를 먹으면서 열을 식혔다. 그때 나는 침대에 누워서, 방 안을 돌아다니는 그를 물끄러미 보며, '어떻게 이런 사람이 있지? 어떻게 여기까지 통할 수 있지? 근데 어떻게 이렇게 좋지?' 하고 생각했다. 현실에서 그런 후배를 만난다면 정말 애인 삼고 싶을 텐데, 하고 말했는데, 그것이 우리의 사랑을 이루어지게 한 결정적인 고백이었는지는 모르겠다.

선배

　대학생 때 나는 좋아하는 사람이 생기면 먹을 것을 사주려고 했다. 좋은 곳에 가고 맛있는 것을 먹고 그렇게 해야 한다고 생각했다. 하지만 생각해보면 나는 사람을 그런 이유로 좋아하게 되지 않았다. 양말에 구멍이 난 것 같으면 양말을 사다 주기, 만나면 사탕 주기. 선배는 조용하고 나는 시끄러워서 우리는 친해질 일이 없었다. 선배는 저쪽으로 나는 이쪽으로 갔다. 나의 노력 끝에 우리는 아는 사이가 되었다. "이거 드실래요?" 그런 걸로 강의실에서 친해졌다. 가끔 무슨 일이 있을 때 연락하는 사이가 완성된 것이다.

　하루는 선배에게 점심으로 햄버거를 사다 주고 싶었다. 선배가 오늘 수업을 들으러 학교에 오는지, 지금 학교에 있는지 같은 것을 물어보기가 왠지 싫어서 일단 햄버거를 샀다. 그걸 들고 학교에 갔다. 그리고 학생 식당에서 밥을 먹고 있는 선배들을 발견했다. 그 선배는 없었다. 나는 그제야 그에게 연락을 했다. "선배 어디세요?" 선배는 집이라고 했다. 오늘은 수업이 없다고…. 망연자실한 나는 다른 선배에게 갔다. "드실래요?" 그 선배는 너무 좋아하며 그 사실을 페이스북에 올렸다.

좋아하는 선배가 없는 목요일은 꼭 주말처럼 느껴졌다. 무의미한 학교… 무의미한 복도… 무의미한 버스…. 선배는 술도 좋아하지 않고 노는 것도 안 좋아했다. 선배가 지루해 보이던 날, 캠퍼스를 걷다가 영화를 보러 가자고 말했다. 선배의 심심함을 이용해 나는 그와 영화를 보러 가게 되었다.

처참하게 재미없는 한국 영화였지만 극장에 가는 길에 그 영화는 내 가슴속에서 가장 대단하고 기대되는 영화였다. 난 선배가 좋았다. 하지만 선배는 나를 별로 안 좋아했던 것 같다. 내가 하나를 주면 선배도 하나를 줬다. 그건 무시무시한 징후였다. 선배는 1년쯤 뒤 좋은 회사에 취직했고, 좋은 회사에 취직한 선배들이 하나둘 강의를 하러 학교에 왔다. 나는 그때 학교에 없었다. 선배가 어떻게 얼마나 노력해서 좋은 회사에 취직했는지 들었으면 좋았을까?

나는 그때 선배를 정말 좋아했다. 그가 타야 하는 버스의 시간을 확인하는 것이나 그가 먹으면 좋아할 간식에 대해 생각하는 걸 좋아했던 것인지도 모르지만…. 그래도 선배랑 악수도 한 번 하고 포옹도 한 번 했다. 내가 짝사랑으로 전전긍긍하던 날 친구가 조언했다. "명심해. 밤과 향기는 절대 무적이다." 하지만 향수를 뿌리고 손목을 내밀어 선배한테 맡아보라고 한 날, 나는 올리브영 직원, 그 선배는 손님처럼 느껴졌다. 선배는 진지하게 향기를 맡았고 우리는 향수에 대해 이야기했다. 내가 아니라. 나는 밤으로도 향기로도 선배의 마음을 빼앗지 못했다. 그래도 괜찮다. 우리는 중간고사도 같이 보고 기말고사도 같이 본 사이니까…. 우리는 동문이고 우리는 황룡반점이나 봉피양막국수 같은 식당을 둘 다 알고 있으니까…. 선배는 내 꺼다.

**통조림
체리**

 대학을 졸업하고 나서도 그 술집에 갔다. 사장은 로베르트 무질을 좋아해 가게에 '무질'이라는 이름을 붙였다. 안주는 특별할 것 없어서 나는 주로 나초나 추로스를 주문하고 흑맥주를 잔뜩 마셨다. 사장은 갈 때마다 눈에 띄게 늙어 있었다. 나는 대개 내성적인 사람들과 함께 갔기 때문에 사장과 말할 일이 거의 없었다.

 새로 사귄 연인을 처음으로 그곳에 데려갔던 날, 사장은 우리가 손을 들거나 소리 내 부르지 않을 때도 종종 이쪽 테이블을 쳐다봤다. 나는 그 시선을 느꼈고 연인에게 말했다. "갑자기 그런 게 먹고 싶네. 칵테일 체리 같은 거. 케이크 위에 올라가는 체리 있잖아. 그런 거 여긴 없겠지?" 나의 연인은 사장에게 물었다. 사장은 조금 생각해보는가 싶더니 주방에 들어가서 통조림 체리 한 병을 가지고 나왔다.

나는 통조림 뚜껑을 열어 체리를 먹을 생각이 싹 사라졌다. 그때부터 나에게는 일생일대의 고민이 시작되었다. 아무래도 나의 일행이 너무 아름다운 것 아닌지, 그래서 그로 하여금 판매용 아닌 체리를 그냥 줘버리게 한 것이 아닌지, 나는 그로부터 이 여자를 지켜야 하는 것인지. 그런 생각을 하느라 둘의 대화를 놓쳤다.

어디까지나 나의 이상한 습성 탓인지도 모른다. 아직 아무런 사건도 일어나지 않았는데, 아주 약간의 기미만 보여도 내 생각은 저 앞으로 달려나가버린다. 사장은 단지 유통기한이 다가오는 통조림을 처분하고 싶었던 것일 수도 있다. 오늘이야말로 누군가에게 적선하고 싶었던 것일 수도.

중요한 건 그를 위험한 남자라고 느끼는 내가 여기에 있다는 것이다. 그는 위험한 남자. 내 눈앞에 있는 여자를 통조림 체리 한 병으로 빼앗으려 드는. 뚜껑에 먼지가 쌓여 만져보면 끈적한 그것을 가방에 넣지도, 그렇다고 손에 들고 다니지도 못하게 하는 남자. 그들이 통조림 체리 하나를 사이에 두고 나눈 것이 무엇인지 생각한다. 도저히 나의 지능으로는, 내가 나인 채로는 알아낼 수가 없다. 느낌만이 가득하다. 그것은 나를 불안하게 만든다. 아직 아무 일도 벌어지지 않았기 때문에 최대치의 불안일 수 있다. 이건 기형적이다. 변태적이고.

나는 병맥주를 하나 시키고 딸려 나온 레몬 조각을 병 입구에 대고 짠 뒤 남은 레몬을 병에 미끄러뜨려 넣었다. 그러고는 반 이상을 마셨다. 나는 그 여자의 얼굴 전체를 핥고 싶은 기분이 들었고 그걸 참느라 혼났다. 계속해서 병맥주를 땄다.

그 여자가 손에 통조림을 들고 이리저리 돌려 보았다. "옛날 글씨체 예쁘다." 내 몸속에서 기분 나쁜 불안감이 스멀스멀 올라오는 것을 무시하기 위해 나는 열심히 살사 소스를 찍은 나초를 먹었다. 모두의 머리 위에 있는 텔레비전을 보았다. 사장이 여기서 저기로, 저기서 여기로 움직이는 것을 보지 않으려고 노력했다.

우리가 거기에 있는 내내 테이블 위에는 통조림이 놓여 있었다. 생각보다 사이즈가 커서 눈을 맞추고 대화할 때도 시야에 그것이 들어왔다. 그 안에 든 체리가 동동 뜨는 게 솔직히 좀 예뻤다. 빨갛고 동그랗고 물기 있고, 열어서 하나를 먹는다고 하면 앉은 자리에서 전부 먹을 수도 있을 만큼. 하지만 오래돼 보여 먹지 않는 게 좋겠다고 생각했다.

그날 나와 나의 연인은 통조림 체리를 테이블 위에 두고 나왔다. 파란색 장지갑을 열어 계산하고 나무 계단을 올라 술집을 빠져 나왔다. 연인을 불러 세워 얼굴을 볼까 하다 그냥 올라가게 됐다. 사장은 아마 다시 통조림을 가지고 주방으로 들어갔을 것이다. 사장은 또 다른 손님에게 통조림을 건넸을까? 우리는 거리의 마네킹과 과일 가게를 지나 30년 된 벚나무를 지났다. 그와 사장 이야기를 하지 않으려고 조심하면서 걸었다. 발로 땅을 한 번 누를 때마다 내 안에서 말이 쏟아져 나올까 봐. 체리를 입안에 넣고 혀를 움직여서 체리 꼭지를 묶는 철 지난 예능 프로그램의 장면을 생각하지 않으려고 노력했다.

사장이 내 연인과 절대 키스할 수는 없겠지. 그가 줄 수 있는 것은 통조림 체리 정도다. 하지만 그 눈빛을 보면 그런 게 읽힌다. 자기는 그런 여자를 오래 봤다는 듯이, 이 여자를 100명 중 한 명으로 여기는 것 같다. 나는 이 사람이 얼마나 특별한지, 다른 인간들과 어디가 어떻게 다른지 설명하고 싶은 충동이 드는 동시에, 넌 절대로 이해하지 못할 거란 생각도 든다. 자긍심과 불쾌감이 나를 이쪽에서 서쪽으로, 저쪽에서 또 이쪽으로 가게 한다. 아마 내가 다른 생각을 하고 있을 때 사장은 나의 연인에게 그런 말을 했을 것이다. '삶은 불쾌하고 나는 그래서 흡연한다. 당신은?' 그 순간 자신이 로베르트 무질이 되어서.

    술집을 뒤로하고 나오는 길에 그 사람이랑 좀 싸우고 싶었다. 낯 놓고 기역 자도 모르는 애인이랑 키스하고 싶었다. "마음이 안 좋아. 먹을 만큼 먹었는데 집에 들어가기 싫고, 너랑 있어도 너랑 있는 것 같지가 않아. 그냥 한잔했을 뿐인데. 나 진짜 왜 이러는 거 같애?" 나의 애인은 운전대를 잡는다. 내 비게이션을 연결하고, 음악을 틀고, 앞만 보고 말한다. "가는 길에 경찰 없겠지? 마트 들를까 봐. 생크림 든 모카 번 먹고 싶어. 좀 싸구려 맛 나는 거. 꽉 막히고 싶어." 나는 어릴 때부터 그런 걸 의식했다. 목젖에 매달린, 어딘가에 걸려 안 넘어가는, 살아서 여러 개가 되는, 마라시노 레드. 더 매끄럽게 반짝이는 새틴 샤인.°

° 화장품 광고 카피에서 인용.

**하필
오늘 거기**

　어쩐지 하필 오늘 거기 가서 혼자 밥을 먹고 싶었다. 머리도 안 감고 마음에 드는 옷을 입지도 않았는데, 혼자 밥 먹는 모습 따위 보여주고 싶지 않았는데 말이다. 그 사람이 사는 동네라는 걸 알았지만 '그래 그 사람도 하필 이 시간에 여기 있겠어? 그럼 진짜 우리가 운명이지, 또는 악연이지' 하고 생각했던 것이다.

　세상에 사람이 얼마나 많은데, 그리고 우리가 할 일이 얼마나 많은데. 파리 날리던 식당에서 계산을 마치고 나와 거스름돈을 주머니에 넣는데, 문자 한 통이 와 있었다. '너 맞아? 어쩐지 하필 이 그저 그런 식당에서 시래깃국을 먹어야 할 것 같더라니. 나는 정말이지 이런 식의 장난질이 싫다. 우리가 다시 만나게 된다면 그래도 좀 번듯한 데서, 내가 봐도 내가 괜찮을 때 만나고 싶었다. 그 사람은 내가 가장 불평이 많고 가난했을 때 만났던 사람이니까. 지금 내가 여기서 밥을 퍼먹고 있는 모습도 우리가 만나던 때의 모습과 별반 다르지 않다고 느꼈을 것이다. 혹은 그때보다 훨씬 잘 살고 있다고 생각할지도. 하지만 친구 하나 없이, 딱히 하는 일도 없이, 타지에 혼자 와서 허겁지겁 밥을 먹고 있는 모습은 내가 봐도 좀 별로였다.

오랜만에 이 동네에 오고 싶었다. 능소화가 핀 것도 보고 싶었고, 우리가 가기로 했던 칼국수 집이 그대로 있는지 보고 싶었다. 모든 게 그대로 있다고 해서 우리의 현실에 요만큼의 변화가 생기는 것은 아니지만 그래도, 보고 나면 마음이 좋을 것 같았다. 차를 몰고 왔으니 여기서 혼자 술을 마실 수도 없지만, 그래도 오늘은 혼자 동네 사람인 것마냥, 옛날에 뻔질나게 여기 드나들던 시절처럼, 여기 내 자리가 있다는 듯이 굴고 싶었던 거다. 하필이면 네가 나를 보다니. 정말 이런 모습은 보여주고 싶지 않았는데. 문자 한 줄에 널 그리워해서 여기 온 것은 아님, 혼자 있지 못해서 여기 온 것은 아님, 나 그렇게 못난 사람 아님, 이라는 뜻을 전부 담는 법을 궁리했지만, 오후의 햇빛이 너무 뜨거워 생각이 나질 않았다. 배달 오토바이가 내 앞을 지나가는 소리만 요란하게 들렸다.

해로운
즐거움

최근에 나는 이런 기도를 했다. '제 앞에 미인이 나타나지 않도록 간절히 기도드립니다. 절대로 제가 예쁜 사람과 함께 있지 않도록 도와주세요.' 사랑에 빠지는 것은 고통이기 때문이다. 사랑에 빠지면 난 아무것도 못 한다.

나는 여름에 한 사람을 만나게 된다. 그 사람에 관해서는 뭐라고 말해야 할지 모르겠다. 사랑의 시작이 그렇듯 내가 좋아하게 될 거라고는 상상하지 못했고, 하지만 어쩐지 한 번 더 보게 되었고, 미치게 재미있거나 설레지도 않았는데 한 번 더 보고 싶었다. 같이 있는 시간은 평범하게 흘러갔다. '이런 농담도 알아들을까?' '이런 말은 좀 불편해할까?' 그런 배려를 하면서 조심스럽게 친해지는 단계. 마음이 확실해지는 것은 그와 헤어지고 나서였다.

　사랑의 시작은 그와 헤어지고 그에 대한 생각을 하는 것이다. 그가 이전까지 세상에 남겨둔 흔적을 찾아보는 거다. 옛날 게시물… 그랬던 그와 내가 최근에 보낸 시간. 그때 그와 잠깐 차를 타고 이동하는 동안 참 좋지 않았나. 그와 노래를 같이 들은 게 혼자 듣는 것보다 좋지 않았나. 그때 달렸던 버드나무길이 어디였지? 원래 그런 길이었나? 이제 그가 없으면 그 노래가 그렇게 느껴지지 않고, 그 길이 그렇게 느껴지지 않는다는 것이 불행하게 느껴지기 시작.

　우리가 같이 차를 마시고 테이블 위의 식기를 정리할 때 손발이 너무 착착 맞지 않았는가, 그건 거의 연인이라고 할 수 있지 않은가, 아니 부부가 아닌가. 그렇다면 우리는 지금 당장 라도무스를 예약해서 행진을 해야 하는 것이 아닌가.

　이 모든 상상이 우습게도 우리는 현실에서 아직 어떤 것도 이룩하지 못했다. 사랑한다고 말하지도, 연인이 되자고 약속하지도, 손을 잡지도 않았다. 우리가 한 것은 이런 것이다. 아이스크림 할인점에 가서 빠삐코와 요맘때 사기, 초등학생들이 놀고 있는 놀이터에 가서 새로 생긴 놀이기구를 체험하기,

한 명이 타는 동안 다른 한 명이 아이스크림 들어주기, 신호가 바뀌는 것을 기다리며 이 동네에 우리가 아는 누가 사는지 이야기하고 호응하기.

그 사람은 농담을 잘한다. 내가 길거리에 주저앉아 웃으면 거기에 한마디씩을 더해서 나를 못 일어나게 할 정도로 짓궂기도 하다. 이번에야말로 제대로 알았다. 길바닥에 풀썩 앉을 때 향기가 나는 인간은 나를 넉다운 시킨다는 것을…. 그것이 극장이나 쇼핑몰에 갈 때마다 사람들에게 나는 유명한 향기라고 할지라도 그것이 그의 얼굴 또는 기질과 너무 어울릴 때, 그것은 충분히 위력을 갖는다. 나는 그의 목소리도 좋았는데, 그건 그의 몸이 진동할 때마다 좋았다는 말이 된다.

그를 만나기로 한 날 약속 장소에서 그를 기다렸다. 그가 나를 향해 뛰어왔다. 나는 그의 공간에 마주 보고 앉아 있었는데, 마치 그가 나의 연인처럼 느껴졌다. 그리고 그의 공간에 있는 물건들이 하나같이 그와 어울린다고 생각했다. 나는 그의 세계 속으로 들어가고 싶어졌다. 나에게 신심이 생길 때 나는 이 사랑에서 패배했다고 느낀다. 그날 나에게만 그런 일이 일어났고, 나는 허전했다. 이럴 때 영화가 있어서 얼마나 다행인가. 나는 소파에 자리를 잡고 앉아 〈헤어질 결심〉을 재생한다. "한국 사람들은 좋아하는 사람이 결혼했다고 좋아하기를 중단합니까?"라는 대사를 듣는다. 아름다운 것에는 조금씩 슬픈 구석이 있다고 생각한다. 이건 사랑의 시작과 그 사랑이 얼마나 커질지에 대한 예언적인 영화다.

나는 집안에서 혼자 분주해졌다. 내가 어떻게 된 것이 아닌가 생각했다. 설레고 신난 나머지 물구나무를 서서 온 동네를 걸어 다닐 수도 있겠다고 생각했고, 귀에서 〈첨밀밀〉이 들리는 것 같았으며, 고도로 발달한 자본주의 사회의, 중산층 가정이 살고 있는 대전시의 한 동네에서 얼빠진 생각을 하고 있는 것은 나밖에 없는 것처럼 느꼈다. 하지만 동시에 이렇게 얼빠진 행복감에 자주, 최대한 오래 잠겨 있을 수 있는 자가 승리자라는 생각도 있었다. 결국 누가 더 호르몬을 많이 분비하는지가 중요한 것 아닌가. 그것이 먹고사는 것에 도움이 되기는커녕 오히려 정신을 산란하게 하고, 방해하고, 일이 손에 잡히지 않도록 한대도 말이다.

우리는 서로에게 가진 감정을 말로는 한마디도 하지 않았다. 나에게 이것보다 괴로운 일은 없었다. 나는 모든 것을 말로 확인한다. '나 좋아? 얼마나 좋아?' 하고…. 그런데 이 사람과의 일은 어떤 것도 말로 할 수 없어서 사랑이 정말로 우리 사이에 있는지 믿기 어려웠다. 밤에 그가 나를 집에 데려다주었다. 바깥의 불빛이 차 안에 들어왔고 어둠 속에서 그와 내가 무슨 말을 하다가 서로를 바라보았다. 그건 모르는 언어로 하는 사랑 고백 같았다.

나는 아직도 시간과 싸우고 있다. 모든 것이 형태 없이 떠다니는데도, 내 감정을 내 눈으로 볼 수 없는데도 나는 내 안에 있는 터질 것 같은 감정을 느낀다. 아침에 기지개를 켜고, 비가 오면 비가 와서 좋다고 생각하고 날씨가 좋으면 날씨가 좋아서 좋다고 생각한다. 좀 더 분주하게 다니고, 많은 것을 읽으며, 일어난 일보다 많은 양의 일기를 쓴다. 내 마음대로 되는 것이 하나도 없는 듯하면서도 전부 내 마음대로 되고 있기도 하다.

어릴 때 나는 사랑하는 사람이 생기면 그를 먹이고 씻기고 눕혀서 재우고 싶다는 말을 이해하지 못했다. 이제는 나도 그의 잠을 걱정한다. 언제 뭘 먹었는지 묻는다. 그에게 외롭냐고 묻는 대신에 담배를 쥐고 잠든 여자의 손 밑에 재떨이를 받친다. 누구보다 먼저 일어나, 종이컵 안에 물에 적신 휴지를 깐다! 담배는 몸에 나쁘다고 말을 하지만 그가 담배를 태우는 동안 나도 길가의 식물을 보면서 기다린다. 그의 행동을 관찰하고, 기록하고, 나중에 이 마음이 탄로났을 때 내가 기억해두었던 것을 가능한 한 상세하게 이야기한다.

내가 애써 만든 생활이 깨지고, 내 모든 신체 감각이 그를 향해 집중돼버리는 사랑의 초입에서 나는 패배했다고 느낀다. 하지만 서래든 누구든 외로운 여자를 좋아하지 않기란 불가능하다. 나는 아직 많은 것을 모르는 30대이기 때문이다.

펀치드렁크러브

한때 나는 '펀치드렁크러브'라는 단어가 나의 것이라고 생각했다. 어질어질하고 좋았다. 왠지 낭만적이잖아. 이걸 주제로 짧은 글을 써볼까도 했는데 포기했다. 동명의 영화가 있고, 글을 쓰려고 앉으면 영화에 대한 생각을 떨칠 수 없다. 그 영화에는 파란색 차, 파란색 옷이 등장하는데, 글을 쓸 때면 파란색에 지배당하는 기분이었다. 계속해서 파란색이 생각났다. 그것도 쨍한 파란색이.

사랑은 물리적인 일이다. 얻어맞은 것처럼 주저앉고, 어금니가 흔들리고, 몸은 붕 뜨고 시야가 흐려진다. 머릿속에는 내 맥박 소리로 둥둥거리고, 손은 식은땀으로 축축하다. 그 사람이 걸어온다. 한 방 맞고, 처음으로 세상이 또렷하게 보인다. 어디서 시작되었는지 모를 빛이 퍼지고, 입 안에 쇠 맛이 돈다. 나는 사랑에 빠지면 몸이 빨갛게 뜨거워지는 게 아니라 도리어 차갑게 식는다. 심장이 빠르게 뛰고, 손끝, 발끝이 차가워진다. 색으로 따지자면 파란색일 것이다. 그것도 쨍한 파란색.

한 방 먹고 맛이 가는 건 좋은 사랑의 시작이다. 우리의 인생이 즐거워지는 때는 그렇게 우리를 뿌리부터 흔들어놓을 인간이 갑자기 등장했을 때다. 나는 특히 그런 첫 만남을 좋아한다. 1라운드. "쟤가 걔야. 전학생, 전학 온 첫날부터 껌 씹고 있던 애." 내가 한 방 먹은 건 그때였다. 엄마 차에 있던 자일리톨을 씹다가 뱉는 타이밍을 놓쳐서 그만 껌을 씹으며 자기소개를 하는 애. "안녕, 잘 부탁해."

그 애는 내가 소풍 가는 날 젤리를 사온 게 초등학생 같고 귀엽다며 놀렸다. 반격하려 하자 그는 다른 친구들 사이로 사라졌다. 2라운드. 웃는 건 반칙, 너무 좋아하는 것도 감점, 끝까지 안 때리는 건 기권. 소풍이 끝나고는 삼삼오오 버스를 타고 가거나 택시를 잡아타고 집으로 돌아갔다. 그 애는 친구들과 극장에 간다고 했다. 영화 보고, 노래방 갈지도 몰라. 다음 날 그 애가 학교에 안 왔다. 아버지가 군인인데, 늦게 들어오는 걸 싫어하는 분이라고 했다. 그 애는 그 말을 하면서 몸서리를 쳤다. 그날은 시간이 잘 안 갔다. 공기 중에 떠 있는 먼지까지 보이는 것 같았다. 운동장에 뛰어다니는 애들도 느리고 재미없어 보였다. 학원에서는 엘리베이터를 타고 1층부터 5층까지, 다시 5층에서 1층까지 내려오고 올라가기를 반복했다. 그 애는 오지 않았다. 흡연실에서 선생님들이 나왔다. 그 애가 왜 안 오는지 물어보려다 말았다. 손바닥에 축축하게 땀이 배어 나온다. 입안에 쇠 맛이 돈다.

나는 어떤 싸움에서도 이긴 적 없는 것 같다. 요즘도 가끔 손에 땀이 찬다. 땀이 차면 손을 턴다. 링 위에는 아무도 없다. 낡은 로프가 미세하게 흔들린다.

우리는 서로에게
최면을 걸어줄 수도 있다

 봄은 생각보다 덥고 땀이 흐르며, 겨울에 상상했던 이상적인 얇은 옷차림으로는 너무 추울 때가 있다. 벚꽃이 흐드러지는 경우에는 사람도 많고 그나마도 금방 져버려서, 제대로 봄을 즐겼다고 생각되는 때가 별로 없다. 그래서 2월 초만 되어도 곧 봄이 올 거라고 호들갑을 떨지만 막상 3월이 되고 개화 시기가 다가오면 경직되어 벚꽃 명소에도, 강가에도 가지 못하고 그대로 더위를 맞이해버리는 것이다. 오랫동안 봄을 어떻게 대해야 할지 모르면서 산 것 같다.

 인간에 대해서도 마찬가지다. 눈앞에 있을 때는 어떻게 해야 할지 몰라서 "응, 응" 하고 대답만 하다가 그와의 관계가 완전히 멀어진 뒤 다시 만나기도 머쓱한 시기가 되었을 때 침대에 혼자 누워 있다가 본격적으로 그에 관한 생각을 하는 것이다. 그때야 나는 알아챈다. 내가 그를 좋아한다는 것을. 하지만 이미 그는 가고 없다. 어느 술집 테이블 위 빈 술병을 세며 좋아하고 있겠지. 과장하자면 나는 사람을 조각내서만 이해할 수 있고 받아들일 수 있는 종류의 사람인 것이다. "나는 공연 볼 때 그래. 공연 가서 즐기는 게 잘 안 돼." 무대에 서는 게 직업인 지인이 말했다.

봄밤은 그런 식으로 어렵다. 도무지 느껴지지 않는다. 너무 좋은 것이 한 번에 펼쳐질 때, 그리고 머지않아 사라진다는 것을 알 때, 나는 좋은 것에 집중하지 못하고 그것이 사라진다는 사실에 더 마음을 쓰게 된다. 이 사람과의 즐거운 술자리 이후에 혼자 집에 걸어갈 때나 집에 들어와 불을 켜고 양말을 벗고 잠자리에 드는 과정에 대해 더 생각하게 된다. 그러니까 나한테는 양옆으로 줄지어 선 노점, 대목을 맞아 거리로 나온 장사꾼, 셔터를 누르는 커플과 어둠 속에서 사람들이 내는 소음이 벚꽃과 다름없다.

**완벽한
디저트**

나는 디저트를 그다지 좋아하지 않는다. 케이크 중에서는 생크림 케이크, 초콜릿 중에서는 생초콜릿처럼 매우 단순하고 기본적인 맛이 아니면 부담스럽게 느껴진다. 하지만 나는 그가 해준 크렘 브륄레를 좋아했다. "집에서 그런 걸 만들 수가 있어?" 나는 그에게 이렇게 물었다. 나는 소파, 그는 부엌에 있었다. 이름도 어려운 그것은 영화에서나 보던 음식이었고, 시간이 지나 카페에서 판다는 것을 알게 됐을 때는 이름을 부르기 어렵다는 이유로 그냥 안 먹는 음식이었다. 그런데 그가 대뜸 크렘 브륄레를 만들 줄 안다고 했다. 심지어 냉장고에 너댓 개 만들어놓고 아무 때나 토치질을 해서 구워 먹는다고.

그의 집에서 그것은 언제든 먹을 수 있고, 내가 상상한 완벽한 맛의 크렘 브륄레였다. 나는 그 사람이 나를 위해 바닐라 빈을 주문하고(곧 수급이 어려워질 거라고 했다) 생크림을 치고 그릇을 닦고 토치를 켜고 뜨거운 그릇을 만지기 위해 주방 장갑을 끼는 모습, 그러고는 맛있다는 말을 듣기 위해 내 주변을 얼쩡거리지도 않는 모습을 보면서 그가 나를 사랑한다는 걸 느꼈던 듯하다. 나를 상대로 창업을 시험해보는 것일 수도 있지만⋯.

첫 키스는
사과 맛

도서관을 돌아다니다가 인상적인 책을 발견했다. 제목은 '첫 키스는 사과 맛이야'. 이 문장이 영화적이라고 생각했다. 모두가 스크린을 통해 경험하기를 원하는 감각. 사과 맛일 수 없고, 사과 맛이지 않지만, 사과 맛처럼 느껴지는 경험. 혹은 뭐라고 느껴야 할지 모르겠는 경험, 그것을 사과 맛으로 변하게 해주는 경험….

아직 대학교 안에 후배도 선배도 모두 있던 때에, 나는 동생들과 미술대학과 법대가 이어지는 흙바닥에 앉아 있었다. 바닥은 모래색이었고, 물을 마시려고 하면 언제든지 건물 안으로 들어갈 수 있었다. 몇 년도 졸업생인지 모를 사람이 만든 조각상이 있었고, 벤치 양쪽으로 농구공을 든 남자들과 자기들끼리 이야기하는 사람들이 띄엄띄엄 지나갔다. 그곳은 약대나 인문대는 아니었고 손으로 무언가를 만들어내는 곳이라서, 과방이라 불리는 곳 안에 이런저런 재료들이 널린 곳이라서 하필이면 그쪽에 앉아 있기를 좋아했던 것 같다. 그리고 도대체 그 방에서 정확히 무슨 일이 일어나는지는 알 수 없지만, 무언가를 할 수 있고, 할 줄 아는 듯한 애들이 우르르 나왔다가 또다시 우르르 들어가는 것을 약간의 동경 섞인 시선으로 바라보다가, (어쨌든 이 학교 학생이므로) 그 정도의 상황이 나에게는 안정되면서도 흥미로웠던 것이다.

우연히 시간이 맞으면 그렇게 나무 밑에 모여 있다가, 한두 명이 아르바이트 시간이나 수업 시간이 되어 떠나면, 나머지 사람들도 미적거리다가 어디론가 이동했다. 몇 시간의 아르바이트와 학교 과제 같은 것만을 중요하게 여기며 누군가를 좋아하는 마음이 사그라들기를, 또 그 마음을 부풀리는 데 온 에너지를 쏟는 것으로 인생을 살아가던 때였고, 미래를 상상하지 못하던 나는 앞으로도 그런 식으로 평생을 살 줄 알았다. 그런 시간을 보내고 나서 아주 오랜 뒤에, 나는 로버트 루이스 스티븐슨의 글에서 그 시절 자신은 남자가 버건디 포도주나 새벽을 사랑하듯 배를 사랑했으므로 배를 볼 수 있다는 이유만으로도 그 길이 충분히 아름다웠다고 쓴 문장을 만난다.

첫 키스는 살맛이었다. 차라리 치킨 기름 맛에 가까울 그것이 사과 맛이 되기까지 대체 어떤 일이 있었던 것일까?

순정

 나에게는 어떤 순정도 없다. 부정뿐이다. 그런 사람에게는 상대의 아주 작은 순정도 오래 기억된다. 도무지 내가 할 수 없는 일처럼 느껴지기 때문이다. 내가 미처 경계하지 못한 순간에 그들은 순정을 보여주었다. 그런 장면은 이상하게 택시에서 벌어지곤 했다. 한번은 헤어진 연인과 함께 택시를 탔다. 최대한으로 집에 빨리 가고 싶을 때 선택하는 수단이 택시일 텐데, 그는 나를 집 앞까지 데려다주었다. 그리고 우리 집 앞에서 다시 택시를 불러 자기 집으로 돌아갔다. 택시 안에서 아무 말도 하지 않고 각자 창밖만 보았는데도 그렇게 하는 것이 어떤 마음일까 전혀 모르겠기도 하고 미안하기도 했다.

 또 다른 밤에는 누군가를 만나기 위해 전혀 모르는 동네에 갔다. 그 집에서 피아노도 만져보고 과일도 먹고 거기에 걸려 있는 그림도 보았다. 누군가가 오랜 시간을 들여 이뤄놓은 집은 안정적일수록 내가 들어갈 틈이 없는 것처럼 느껴지고 그래서 나는 때 낀 발톱처럼 외로워졌다. 자기가 보일러를 올리지 않으면 영영 냉골인 자취방에 살았다면 좀 덜 그랬을 텐데…. 어쨌든 나는 계속 그 집에 있다 보면 청승맞아질 것이었으므로 집으로 돌아오고 싶었는데, 택시를 잡기 위해 함께 아파트 단지 밖으로 걸어 나올 때 어둠 속에서 본 가로등이나 나무가 전원적이고 평화롭게 느껴졌다.

택시에 탄 나는 그가 택시 기사에게 지폐를 건네는 손과 창밖으로 잘 보이지 않는 그를 번갈아 보면서, 모범적인 학생처럼 보이고 싶어서 바른 자세로 앉아 있었던 것 같다. 그리고 곧이어 택시는 출발했다. 나는 그런 순간, 아쉽거나 지금으로서는 할 말이 없지만 분명히 내 가슴속에 무언가가 자라는 것 같은 순간에 본 한국의 평범한 풍경에 이상한 애수 같은 것을 느낀다. 어느 아파트에나 있는 비석, 어느 아파트에나 있는 나무, 어느 아파트에나 있는 화단, 그것을 오래 기억하는 것이 나의 순정이라면 순정일까. 그들에게 한 번도 신심을 다한 고백, 난. 널. 좋아해. 같은 것은 해본 일이 없다는 게 새삼스럽다.

그가 나를 택시로 데려다주었다는 사실조차 잊을 만큼 오랜 세월이 지난 후에, 나는 그가 친구를 만나러 간다고 할 때마다 그에게 데려다준다고 말했다. 그가 이상하게 여길 정도로 데려다주겠다고 했다. "아니 오늘 차 가지고 갈 거야"라고 해도…. "아니야 차 두고 가 내가 데리러 가고 데려다줄게." 그에게 별로 필요하지 않은 호의였던 것 같지만, 그가 나에게 주었던 순정을 나도 그에게 한번 줘보고 싶었다. 한번은 그가 술을 마시러 간다길래 샤워도 하고 옷도 전부 입은 뒤 소파에 누워서 전화가 올 때까지 기다렸다. 그러다 '나 이제 가려고'라는 메세지가 오자마자 벌떡 일어나 시동을 걸었다. 그리고 술병이 쌓여 있는 테이블에 앉은 그의 뒷모습을 보고 그의 옆에 앉았다.

나는 그의 애인이라도 된다는 듯이 그의 술자리가 파할 때까지 기다리고, 그를 집에 데려다주고, 아파트 주변을 걸었다. 이제는 그가 나보다 먼저 집에 가는 경우가 더 많다. 그의 뒷모습을 보는 것도 '나, 더 있다 가면 안 되냐'고 말하는 것도 나다. 기다리는 사람이 되는 것은 슬프지만, 먼저 떠날 때보다 기다리고 서성거리고 복잡한 마음을 느끼는 지금이 좀 더 많은 걸 배울 수 있다. 나는 한 번도 순정 속에 들어가본 적 없고 그걸 입거나 만져본 적도 없지만, 이런 것이라고 생각한다. 오랜 시간이 흘러서야 그때 내가 받았던 것이 무엇이었는지 알게 되는.

사랑에 빠진 사람이
견딜 수 없는 것

내가 처음 여름에 대한 글을 쓰기로 했을 때, 내가 쓰겠다고 생각한 건 육체성이었다. 하지만 막상 쓰고 보면 그리움과 기억에 관한 이야기가 되곤 했다. 매력적인 상대의 등장과 그로 인한 좌절. 나의 노력과 그 사건들의 배경이 되는 여름이라는 생생함. 영화 감독 루카 디아다니노와 셀린 시아마는, 방법은 다르지만 그 분야의 제왕이자 신이다.

여름은 좋든 싫든 감각을 건드린다. 너무 덥고, 너무 따갑고, 너무 차갑다. 영화 〈콜 미 바이 유어 네임〉과 〈워터 릴리스〉는 전혀 다른 영화지만, 여름이라는 계절을 배경으로 너무 원하게 되고 그래서 괴롭고 그래서 마침내 그걸 얻게 됐을 때 원치 않게 다음 단계로 이동하게 되는 젊은 인간에 관한 이야기라는 점에서 만난다.

이들이 어떻게 여름을 스크린 속에 박제했는지 이야기하기 위해 〈콜 미 바이 유어 네임〉과 〈워터 릴리스〉의 줄거리를 이야기할 필요는 없을 것이다. 두 영화는 각각 관능적인 여름이라는 장르 속, 몸에 붙어 있는 감각의 기억을 불러낸다. 〈콜 미 바이 유어 네임〉에서는 린넨 셔츠와 살구주스, 풀 냄새가 가장 진해지는 저녁의 식탁, 〈워터 릴리스〉에서는 샤워장과 클럽 신을 기억하면 된다.

나는 〈워터 릴리스〉의 이 장면을 좋아한다. 키가 큰 여자애와 키가 작은 여자애가 있다. 작은 여자애가 먼저 큰 여자애를 좋아한다. 언제나 그렇듯, 큰 아이의 속은 알 수 없다. 그 애는 남자를 바꿔가며 자신의 인력을 실험하는 중이다. 작은 애가 아무리 집 앞에서 기다려도 큰 애는 집에서 나오질 않는다. 둘은 수영장에서 만난다. 큰 애는 어른처럼 보이고, 작은 애는 어린애처럼 보인다. 그 작은 여자애가 한국인이었다면 슬픈 발라드를 들으며 가슴 아파 했을 것이다. 동경의 대상을 사랑하게 되었을 때 우리는 우리 자신의 초라함에 관해 생각하게 되니까. 큰 애는 못되고 예쁘게 나타난다. 클럽에선 묶었던 머리를 확 풀어버린다. 이런 자들의 문제라면, 별생각 없이 움직이는데 그게 상대에게 미치는 영향이 강력하다는 것이다. "내 얼굴에 뭐 묻었어?" 하고 얼굴을 확 갖다 댈 때, '나한테는 아무렇게나 보여도 상관없다는 건가?' 서운함이 들 정도로 그들은 무심하다. 다행히 작은 애도 클럽 입장에 성공하고, 큰 애가 아무와 웃고 춤추는 걸 본다.

작은 애는 테이블에 앉아, 오늘 다른 사람과 사랑에 빠진 듯한 큰 애를 본다. 모두의 심장을 때리는 비트가 나온다. '저 예쁘고 못된 애를 두고 갈 순 없다.' 작은 애는 큰 애를 따라 무대로 나간다. 큰 애가 나른한 얼굴을 하고 다가온다. 팔로 목을 감싼다. 경직된 그 애는 그때 아마도 이렇게 생각했을 것이다. '죽어도 좋아….' 키스는 모든 것의 끝이다.

요즘도 가끔 생각이 나면 다운로드 폴더에서 〈워터 릴리스〉를 찾아, 바로 이 클럽 신으로 간다. 숨 막히는 절망과 폭력에 가까운 유혹을 보고 나서 화면을 끈다. 성장기에 이런 친구는 유독하다. 몇 번인가 이 영화를 보았지만, 아직도 〈워터 릴리스〉가 무슨 내용인지 모르겠고, 좋기만 하다.

〈콜 미 바이 유어 네임〉은 중학생의 판타지다. 아직 덜 자란 마음을 못살게 구는 격정과 사랑으로 인해 압도되는 느낌이 있다. 양지바른 곳에서 주인공이 밤낮으로 과일을 먹고 수영하며 일어나는 이탈리아 남부를 실컷 구경할 수 있다. 이 영화 전반에 깔린 미스터리한 느낌은, 로맨스가 기본적으로 미스테리 장르임을 상기시킨다. 상대의 마음을 모른다. 내 마음을 모른다. 하지만 분명히 무언가가 존재한다는 걸 느낀다.

'우리 집에 아빠 제자랍시고 들어온 저 남자는 누구?' 마음속에 일어나는 충동과 어울리지 않는 한낮의 느긋한 햇빛과 집안 풍경이 야속하도록 소년의 마음은 흔들린다. 그에게 감당할 수 없이 야한 인간이 들이닥쳐 그가 얼마나 속수무책으로 그를 원하게 되는지. 그는 넓은 집과 풍요로운 자연 속에서, 그리고 타고난 예술적 재능을 발휘하면서 안락하게 자신의 젊음과 상대의 매력에만 집중하면 된다. 이 얼마나 판타지적인가. 이쯤 되면 상대가 누가 됐든 한번쯤 이렇게 매료되고 싶다는 생각을 하지 않을까 싶다. 누구라도 좋으니 나를 이런 상황에 빠뜨려주었으면. 그리고 가능하다면 조금 더 오래 그 환상 속에 머물게 해주었으면…. 우리 사이에 만들어진 풍선 같은 것을 성급하게 터뜨리지도, 바람이 빠질 때까지 방치하지도 않으면서 적절히 그것을 함께 다루어줄 담백한 상대가 있었으면! 마을 축제에서 그 사람을 보고, 자기도 모르는 감정의 회오리에 애꿎은 담배만 태우고 속 끓이다 엄한 사람과 자 버리는 장면은 감독이 해내는 가장 나쁘고 정확한 연출이다.

원작 소설에서 이 욕망은 자신이 원하고 또 간절히 나를 원하기 바라는 사람들에게 쓰는 절박한 간계, 세상과 나 사이에 자리하는 듯한 라이스페이퍼처럼 얇은 미닫이문 같은 몇 겹의 장막, 애초에 암호화되지도 않은 것을 변환하고 또 해독하려는 충동이라고 서술된다. 이 순간의 야릇함은 사실 자신의 능력을 테스트하는 데서 오는 흥분감이자 절실함이기도 하다. 그가 방문을 두드리지 않는다면 자신은 죽을 것이라고도 말한다. 사랑에 빠진 사람이 가장 견딜 수 없어 하는 것은 둘 사이에 사랑이 사라졌다는 것이 아니다. 둘 사이에 애초부터 아무것도 없었다는 사실을 아는 것이다. 로맨스 영화의 절정은 오랜 시간 말하지 않고 육감과 직감에 의지해서 추리해오던 것들이 사실상 모두 맞았다는 것을 차 사고가 나듯이 알아 버리는 순간에 있다.

내가 더운 나라의 젊은이들이 서로를 그리워하고 충동질하고 화나게 하고 그러는 것들을 주기적으로 찾아보는 이유는 이런 것이다. 언제든 영화를 재생하면 스크린 속에서 여름이

날뛴다. 내가 좋아하는 건 여름이 아니다. 내가 좋아하는 건 서사다.

너무 쉽게
사랑에 빠지는

    찻집에 앉아 녹차를 마셨다. 사장은 주방에서 뜨거운 물을 끓이며 내가 있는 방향을 보며 이야기했다. 단맛을 내기 위해 찻잎에 상처를 내는 거라고. 그 말을 들었을 때 나는 완이를 생각했다. 그 애가 찻집 근처에 살아서 그렇기도 할 것이다. 그 애는 좀 고슴도치 같아서, 말도 툭툭 하고 만나기로 했다가 '아니 그냥 만나지 말자' 하는 식으로 굴었다. 나는 걔를 이해해주고 싶었다. '상처가 많아서 그런 거겠지' 하고.
    나도 한때는 그 동네에 자주 갔다. 걔랑 일본가정식 집에서 덮밥을 사 먹기도 하고, 벚꽃이 온 아파트 단지를 뒤덮고도 골목골목 피어 있었기 때문에 유명한 여행지에 가지 않고 그 애 집 근처를 걷는 것만으로 특별한 시간이 되었다.

그날도 나는 아슬아슬하게 일어나 머리도 감지 않고 그가 알려준 카페를 찾아갔다. 숨을 몰아쉬며 자리에 앉았을 때, 차분한 그 사람을 보며 나는 생각했다. '머리 감고 올걸….' 머리를 감지 않은 나와 머리를 감은 듯한 그는 일 얘기를 15분만에 끝냈다. "해주실래요?" "할게요. 해야죠. 합니다." 그러고 나서 나는 두리번거리며 그 길을 걸었다. 그는 이 동네는 처음 와보냐고 했다. "여기는 작은 갤러리가 많아요. 혼자 오기 좋은 카페도 있고요." 사장님이 부자라는 말도 했다. 그런 것까지 알고 싶지는 않았지만 그가 좋아서 그냥 들었다. 그는 마음이 넓어서, 혹은 사회학과 학생이라서, 알 수 없는 이유로 내 말에 웃어주었다.

그 사람은 나에게 두꺼운 자기의 전공책을 빌려주기로 했고, 나는 집에 가져가봤자 한 페이지도 안 읽을 것 같지만 재밌겠다고 생각했다. 다음 주에도, 그다음 주에도 그와 만났다. 그 사이에 그가 잡지에 썼다는 글도 찾아 읽었다. 회의가 끝나고 뒤풀이 자리에 갔을 때 그가 다른 직원들에게 장난을 치는 것도 보았다. 그러다 그가 내 옆에 앉았을 때, 나는 내 인생에 아주 재미있는 일이 생긴 게 확실하다고 생각했다.

그는 커피보다 차를 좋아했고 무식하게 마셔야 맛있는 맥주보다 천천히 마시는 위스키를 좋아했다. 그를 따라다닌 덕에 음울한 사장이 있는 술집도 하나 알게 됐다. 그는 부끄러움 없이 노래도 꽤 잘했고, 일본어도 잘했다. 여러모로 나와는 맞지 않았다. 그리고 아주 뾰족하고 가늘고 어른스럽게 생겨서 처음엔 긴장했지만 꽤 잘 웃고 놀려도 된다는 생각이 들면서 그가 귀엽게 느껴지기 시작했다. 직장에서 입던 찰랑찰랑한 옷을 벗고 중학생 때부터 입었을 것 같은 후드집업이나 아무도 자랑스러워하지 않는 우리들의 과 잠바를 대충 입고 나와 집 앞에서 만날 때, 잘 놀다가 갑자기 자긴 가봐야 한다고 할 때, 나는 그가 너무 좋아졌다.

완이는 시를 좋아했는데, 시인을 좋아하는 것 같진 않았다. 나도 시를 좋아했지만, 만나서 시 얘긴 안 했다. 그런 것도 마음에 들었다. 그가 나에게 나눌 필요가 없다고 생각할 만큼 그의 세계가 분명하고 내가 쉽게 침범할 수 없는 것처럼 느껴져서.

골목골목 걸으며 그의 가족들에 대해서도 들었다. 생각보다 화목한 가족이 있구나, 생각보다 부모님을 좋아하는구나. 그런 생각을 했다. 약속을 하지 않더라도 이번에 만나고 헤어지면 다음도 있겠지, 생각이 들 때쯤 완이는 하여간 나와는 연애를 할 수 없다고 이야기했다. 어느 대학 캠퍼스의 거위들이 돌아다니는 벤치에 앉아서 그 말을 들었다. 그 말이 무슨 뜻일까, 그만 만나자는 말인데 그때는 그게 그렇게 들리지 않아서 한참 생각했다.

내가 그 찻집 위의 사무실에 앉아 동료들과 회의를 하고 있는데 그에게 전화가 걸려왔다. 손이 차가워지면서 회의에 도움되는 어떤 말도 떠올릴 수 없었다. 쉬는 시간에 1층으로 내려갔다. 숨을 한번 크게 쉬었다. '나에게 무슨 일이 벌어진 거지? 무슨 일이지?' 그러다 그에게 전화를 걸었다. 그는 오늘 낮에 자기 동네에서 나를 봤는데, 옆에 같이 있던 사람은 누구였냐고 물었다. 이게 친구의 일이었다면 나는 아마 친구에게 당부했을 것이다. "야, 나쁜 사람이니까 그냥 연락하지 마." 하지만 그는 너무 예쁘고 나쁜 사람이라서 나는 어쩔 수가 없었다. 그렇게 한동안 어쩔 수 없어 하다가 지금은 서로의 인생에서 완전히 없었던 것처럼 지내게 되었다. 그런 일이 있었는지조차 기억나지 않고, 그 찻집 문을 열고 들어갈 때도 안에 그가 있을지 걱정하지 않는다.

그 찻집에서 나는 백차, 홍차, 흑차, 청차를 마셨다. 홍차는 찻잎에 상처를 내고 산화시켜 만든다. 단맛은 줄기에서 나온다. "젖은 잎을 만지는 거예요. 젖지 않은 잎을 만져보세요. 젖은 잎의 향을 맡아보세요. 마시고 나서 입에 남는 맛을 느껴보세요." 나는 지난 봄에 보낸 시간을 생각했다. 그 동네에서 완이랑 이곳저곳을 다녔지. 근데 눈은 잘 안 마주쳤던 것 같다. 너무 뜨거우면 맛이 잘 안 느껴지니까….

여름
산책길

내가 가장 좋아하는 산책길은 매번 바뀌어왔다. 봄에는 벚나무가 흐드러진 길이 가장 좋고, 대학교에 다닐 때는 1시간 정도의 자유시간을 확보해서 캠퍼스를 걷는 것을 좋아했다. 대학로의 경우에는 왔다 갔다 하면서 젊은 사람들을 볼 수 있었기 때문에 그것도 좋았다. 나와 직접적인 관련이 없어도, 그들이 지닌 묘한 흥분이 나에게도 전해졌기 때문이다.

옛날에는 좋아하는 사람을 보러 가자는 핑계로 길을 나서기도 했다. 만날 약속도 하지 않고 그 동네에 가서 천천히, 딴청을 피우듯이 그 거리를 걸었던 것이다. 그러면 새삼스럽게 그 길가가 다르게 보였다. '이 나무 밑으로 얼마나 많은 사람이 지나다녔을까, 그 사람도 해 질 녘의 육교와 강이 만들어내는 풍경을 봤을까, 이 중에 어떤 것이 그의 마음을 끌었을까' 혹은 '그는 이런 길가 같은 것에는 마음을 둘 여유가 없을까' 하는 식으로 생각하게 되는 것이다. 그러다가 정말로 우연히 그 사람을 마주치면 좋고, 아니어도 괜찮다. 한번은 그런 식으로 지겨운 오후 시간을 보내다가 정말로 내 앞으로 걸어오는 그 사람을 마주쳤다. 나는 그에게 사실대로 반 정도는 기대했고 반 정도는 기대하지 않았다고 말해야 할지, 아니면 사랑을 고백해야 할지 고민했고, 고민이 무색하리만치 우리의 짧은 만남은 지나갔다. 빌어먹을 신호등 때문이었다.

두 번째로 좋아하는 곳은, 사실 만만하게 여기는 길이라고 해야겠지만, 아는 사람이 아무도 살지 않는 아파트 산책길이다. 조경이 훌륭한 아파트일수록 좋다. 오래된 아파트는 오래된 아파트 나름대로, 신축 아파트는 신축 아파트대로 걷는 즐거움이 다르다. 거기서는 어린아이들, 초등학생들이 차례로 하교해 집을 찾아가는 모습이나 혹은 집에서 태권도복을 입고 나와 각자의 학원 버스를 타고 어니돈가 가는 모습, 혹은 중간에 슈퍼 앞에서 뭉쳐 뭔가를 열심히 먹는 모습을 볼 수 있기 때문이다.

보통 혼자 하는 산책은 마음 둘 곳이 없을 때 하기 마련이

므로 그런 풍경들을 볼 수 있는 곳이 좋다. 아무리 유명한 유원지나 풍경이 멋있는 곳이라도 사람들이 만들어내는 따뜻한 모습이 없다면 그다지 기쁘지 않다. 이런 기분을 느끼기 위해서 누군가를 계속해서 구하는 것이고 그런 기질 때문에 마음이 피곤한 것이라면 정말 나는 어떻게 해야 할지 모르겠다. 걸을 수밖에.

내 것이
아닌

 영화보다 그 영화를 알려준 사람이 먼저 생각나는 경우가 있다. 나의 연인은 사랑하는 사람이 생기면 무서운 영화를 같이 보고 싶었다는 이야기를 해주며 그것이 영화 〈조제, 호랑이 그리고 물고기들〉에 나온 대사라고 했다. 나는 내가 무서운 것을 잘 보지 못하며, 마지막으로 본 무서운 영화는 호랑이가 산속에서 떡 파는 중년의 여자를 만나 위협하는 만화 영화로, 다섯 살 때 아빠 뒤에 숨어서 보았다는 것을 기억해낼 수 있었다. 나는 침울해졌다. *그*가 말하는 무서운 영화를 함께 보고 싶은 사람이 내가 아닐 거라는 생각에 빠져 있었다.

 심심해하던 어느 날 나는 〈조제, 호랑이 그리고 물고기들〉을 틀었다. 몇몇 거북한 장면을 지나 이내 그 영화의 슬픔에 젖어 들고 말았다. 내가 이해하지 못한 장면까지 포함해 그 영화는 죽도록 슬펐다. 내가 그 영화의 존재를 말해준 연인에게서 벗어난 뒤로도 그 영화는 나에게 어쩌자는 건지 모르게 슬픈 영화로 남았고, 영화 속에서처럼 고장 난 물건을 고치고 싶다는 생각, 굴에 들어가 헌책을 읽고 싶다는 생각, 달리다가 굴러떨어지고 싶다는 생각을 했다. 모텔에서 자고 싶지는 않다. 왜냐하면 너무 슬플 것 같기 때문이다. 영화의 배경은 어딜 보나 가을 아니면 겨울인 것 같지만, 내가 인상 깊게 본 장면에서 인물들은 벗고 있거나 팬티만 입고 있었기 때문에, 어쩐지 나는 이것을 여름 영화로 기억하고 있다. 주인공 쿠미코가 주는 느낌이 청량하기도 하고.

얼마 전에는 한국 배우인 정유미의 연기를 보기 위해 드라마를 틀었다. 2012년 방영했던 이 드라마의 이름은 〈로맨스가 필요해〉인데, 말 그대로 로맨스로 가득하다. 나는 그중 아무 편이나 재생했다. 거기서 이해되지 않지만 잊히지도 않는 대사를 듣게 되었다. 주인공 열매는 놀이터에 서서 석현과 싸운다. 싸움은 좁혀지지 않는다. 내가 이해한 바로 석현은 열매를 좋아하지만 더 이상 마음을 열지 못하고, 사랑하는 것과 자신을 지키는 일이 부딪친다는 생각에 그만 멈춰버린 상태다. 열매는 그 남자를 가운데 두고 큰 원을 하나 그린다. 그리고 말한다. "평생 거기서 살아." 대사가 이렇게 저주스러웠던가? 아니었던 것 같다. 하지만 내게는 이렇게 기억된다.

그 후 나는 내 삶에서 일련의 일을 겪고, 누구에게나 방어벽이 있으며 그것을 무너뜨리지도, 들여다보지도 않으며 산다는 것을 알게 되었다. 그게 자신에게 도움이 되든 되지 않든, 좀 불편하더라도 바뀔 필요를 느끼지 못한 채로 살다가 죽을 수 있다는 것을 말이다. 그 방어벽이 있는 한 다른 사람에게 사랑을 줄 수 없을 뿐 아니라 받을 수도 없다. 그래도 누군가는 사랑을 버리고 자신을 지키는 선택을 한다. 그렇게 해서 지킨 자신이 어디에 있는지 모르겠다는 말도 다른 한국 드라마에서 들었다. 말하자면 각각의 드라마는 질문과 대답인 셈이다.

사실 이 드라마의 정수는 첫 화 첫 신에 있다. 도저히 이 드라마의 1화 첫 신을 잊을 수 없다. 둘은 바에서 마주 앉아 있다. 분위기는 이보다 좋을 수 없고, 세상에서 이들보다 잘 되어가는 사람들은 없는 것 같다. 음악이 절정에 달했을 때, 한 사람이 다른 한 사람에게 손을 갖다 댄다. "토끼가 어떻게 걸는 줄 알아요? 깡충, 깡충, 깡충(팔을 타고 올라오는 그의 손가락…)." 당하는 사람은 그저 즐겁다. 이렇게도 죄의식이 드는 드라마라니. 합격인 것이다. 현실에서 그런 술자리는 있을 수도 없고(누군가 당신에게 그런 걸 시도한다고 생각해보라) 있어서도 안 된다(본인이 누군가에게 그러고 있다고 생각해보라). 하지만 정유미를 통해 나는 상상할 수 있게 된다. 나의 원과 나의 토끼를….

나는 종종 이 드라마를 떠올린다. 강아지를 산책시키다 놀이터를 지나갈 때나, 마찬가지로 강아지를 산책시키다 불켜진 와인바를 지나갈 때. 그 안에는 시끌벅적한 직장인들과 커플들이 있고, 강아지는 나무에 영역표시를 하며, 나는 아무 일도 일어나지 않는 여름밤의 길을 걷다가 뛰다가 한다. "가자!"라고 말하면서.

먹다 남긴
오차즈케

 보리차를 마시는 것과 사랑은 아무런 상관이 없다. 하지만 나는 사랑하는 사람과 보리차 마시는 시간을 좋아하고, 그가 남긴 오차즈케를 먹는 것을 좋아한다. 딱 한 번 있었던 일이지만 그건 확실히 좋았다. 그 사람과 일을 마치고 그 사람의 동료와 함께 식당에 갔다. 내가 잘 모르는 높은 건물에 있는 식당이었다. 전골과 명란이 유명하다고 했다. 애인이 오차즈케를 먹다 남겼다. 나는 국에 밥을 말아 먹는 것도 좋아하지 않고, 어쩐지 위가 늘어나는 느낌이어서 그 메뉴는 관심밖이었다. 그런데 애인이 "한 입 먹어볼래?"라고 했고, 그가 먹다 남긴 오차즈케를 먹고 싶어져 먹어보았다. 나는 그게 하나도 더럽게 느껴지지 않고 새로 만들어주는 것보다 더 마음에 들어서, 남은 걸 전부 먹었다. 그 뒤로는 오차즈케를 파는 식당에 간 일도 없고, 누군가가 남긴 밥을 먹은 일도 없다. 잠깐 나는 그의 엄마나 자식이 된 것 같아서 좋았다.

그날 이후로도 우리는 한국의 여러 도시를 함께 다녔다. 일본에 가기도 했다. 저녁 불빛을 구경하는 일은 특히 좋았다. 목적지를 찾는 데 하나도 에너지를 쓰지 않고, 여기서 횡단보도를 건너라면 건너고, 다리를 건너라면 건너는 식으로 다녔다. 밤의 거리에는 취한 사람이 많고 시끌벅적했다. 나는 그때 이 길에서 유일하게 아는 이 사람을 소중하게 여겼다. 모르는 도시의 모르는 회사원들이 있는 거리였다.

함께 밥을 먹고 그는 카페로, 나는 내가 찾은 물담배 바로 갔다. 물담배 바는 내가 상상한 것보다 의자도 높고, 새로 지은 호텔의 라운지 바처럼 세련되고 텅 비게 느껴졌다. 묘하게 흥이 나지 않아, 도로 나왔다. 온 길을 그대로 걸어 그가 있는 카페로 갔다. 그가 내가 마지막으로 본 자리에 그대로 앉아 음악을 들으며 수첩에 무엇인가를 적고 있었다. 맞은편에 앉아 무슨 노래 듣냐고 물으니, 그가 헤드폰도 빼지 않고 수첩에 노래 제목을 적어주었다.

모르는 거리에서 그를 만나 안심이 될 때, 나는 그에게 맞설 생각이 사라진다. 누군가를 사랑하면 그가 잠에서 깨는 모습이나 잠드는 모습이 슬프고 사랑스러운 것이라고 생각한다. 나는 내가 먹던 밥도 잠깐 쉬었다가 다시 먹으려고 하면 약간 비위가 상하는데, 그에 대해서라면 며칠간 샤워를 하지 않은 것도 아주 진한 버전의 그라는 생각이 든다. 정말 이상한 일이다.

서정이 하는
혁명

어떤 사람들에게는 '절대적인 서정성'(카렐 차페크,《조금 미친 사람들》)이 필요하다. 그런 사람들이 책도 사 읽고 전시도 보러 가고 공연도 보러 가고 하는 것이겠지. 또 그보다 중요한 건…. 그 모든 것을 했다고 블로그에 적는 것이다. 나는 이들이 겉으로 보이는 아무런 혁명에 참여하지 않는다고 하더라도 존재만으로 저항하는 힘을 가진다고 생각한다. 정확히 말하면, 혁명도 서정도 그들이 한다.

이들에게 내가 할 수 있는 것은 좋은 옛날 소설이나 쓰인 지 오래된 시를 소개하는 것이다. 나는 주기적으로 박완서 작가의 소설을 읽는데, 그렇게 해서 뭔가를 배우겠나는 마음이나 어떤 의무감이 있어서는 아니고, 아보카도나 바나나 같은 것을 먹고 싶다고 생각하는 느낌과 비슷하다. 몸에서 그것이 당긴다는 느낌이 난다.

　사용법을 익히기만 한다면 알코올을 사용하지 않고도 순식간에 고양감을 느낄 수 있는 최고의 자극이 된다. 실제의 연애보다 더 강한 뇌의 자극을 주는 텍스트가 여기에 있다.

　박완서의 소설에서 사랑의 시작은 이렇게 쓰인다. 나도 못생긴 편은 아니지만 내 여자애는 정말 예뻤다고. 시월의 양광이 사월의 그것보다 화사했고, 매연 자욱한 도심의 번화가에서 꽃내음이라도 맡을 듯이 가슴과 콧망울이 부풀었다고. 박완서의 소설 속 인물들은 사랑의 예감 때문에 몸이 간지럽고, 들뜨고, 몸에서 바람이 빠져나오듯이 웃는다. 그들은 끊임없이 떠들고, 1시간 좀 안 되는 거리를 걸으며 잠깐이라고 느끼곤 한다.

　너무 좋은 것은 자아를 파괴한다. 박살난 자아는 바로 재조립된다. 종교와 술이 해주는 것이 바로 이것이다. 이건 1만 5000원으로 할 수 있는 최고의 마법이다. "애인 만들고 싶은 여자" 이런 문장을 읽기만 해도 내 마음속에는 어떤 이미지가 단번에 피어오른다. 너무 좋아서 마구 뛰어다니고 싶다. 이건 머리로 씹어서 몸으로 먹는 음식이나 다름없다. 내 몸이 있고 이 소설이 있는 게 아니라 이 소설이 있고 비로소 내 몸이란 게 만들어진 것 같은 착각이 든다.

이건 몸이 저릿할 정도로 설레는 감각의 향연이지만, 더 굵은 이야기의 줄기는 자의식이 강한 사람이 세상으로부터 망신을 당하며, 그 망신에 대해 생각하며, 세상에서 가장 망신스럽지 않고 싶은 상대에게 망신스러운 꼴을 보여주면서 계속 살아가는 이야기에 가깝다. 어떻게 이렇게 구지레한 생의, 어제나 오늘이나 다를 바 없이 구차하게 이어지는 가운데 이렇게 살 떨리게 아름다운 감정을 심어놓았을까? 어떻게 그런 식으로, 그것이야말로 정말 인생이라는 말을 하는 것일까, 싶어지는 것이다.

만원 버스에서 멀미와 구역감을 느끼다 겨우 거리로 뱉어졌을 때, 마주하게 되는 시원한 바람과 한가롭게 자전거를 타고 사라지는 사람의 뒷모습 같은 것이 끼어들어 잠깐이지만 행복하다고 생각하는 것과 비슷하다. 이것은 여름의 소설이 아닌지. 살아가는 것이 버겁고 지친다고 느낄 때 우리의 몸을 갑자기 180도 돌려, '자 이런 것도 있지' 하고 보여주는 이 작가와 그것을 느낄 수 있는 사람들이 있는 이 세상이 좋기노 하다.

신랄함과 상쾌, 낭만과 애수가 모두 있다는 점에서 박완서의 소설은 여름과 어울린다. 그 책을 읽는 동안에는 세상이 한 꺼풀 벗겨진 듯한 그런 느낌을 좋아한다. 가증스러운 인간들과 또 그것을 알아볼 만큼 가증스러운 내가 함께 시간을 보낸 뒤, 돌아와 읽을 책이 있다는 건 대단한 행운이다. 그건 나를 바로 세울 힘을 주고, 내가 진짜로는 망가지지 않았음을, 망가졌다고 느낀 부분만큼이 나라는 것을 알려준다.

한가하게 앉아 밀도 높은 정신의 산물을 읽어 내려가는 건, 한국인으로 누릴 수 있는 지극의 행복이다. 처음에는 끝까지 읽을 생각이 없었더라도 그 속에 빠지면 책이 날 놔줄 때까지 그 안에 있게 된다. 다 읽고 나면 무언가 완성된 느낌이 난다. 한층 더 진실되고 한층 더 일치된 나로 외출하는 느낌이 든다.

**짧은
영상**

담배 태우는 여자를 구경하는 것에는 특유의 즐거움이 있다. 나는 분명 간접흡연을 혐오한다. 그 마음을 담아 〈담배 냄새를 맡는 밤에〉라는 글을 썼다. 하지만 정말로 싫어하는 것에는 정말로 끌리는 마음이 있지 않은가. 나는 왜 그렇게 여자들이 담배 태우는 모습에 강한 흥미를 느끼는지 알고 싶어졌다. 가끔 그건 경치처럼 느껴진다.

유튜브에 '담배+여자=사랑'이라는 제목의 짧은 영상이 있다. 나는 이것이 어째서 1시간 또는 10시간이 아닌지 아쉬워한다. 이것은 영화 속 여자 배우들의 흡연 장면을 모아놓은 짧은 클립이다.

가을이건 겨울이건 할 것 없이 나는 여자친구와 '테라스'

라는 이름의 카페에 갔다. 카페 사장님이 그에게 말을 걸고 주변을 맴도는 것이 싫었지만 거기서 파는 와인에이드가 맛있어서 정신차려 보면 우린 거기 앉아 있었다. 딱히 갈 데도 없었다. 그곳의 장점이 하나 더 있었는데, 이름에 걸맞게 2층 높이에서 야외를 내려다볼 수 있다는 것이었다. 다리를 꼬고 앉아 담배를 태우는 그를 보는 것은 엄청난 즐거움이었다. 발끝에는 슬리퍼가 있었다.

나는 그 카페에서 그에게 한 번 차였고, 다시 만나자는 말을 듣고 한동안 멍청한 표정을 지었고, 마침내 한 번 더 차였다. 하여간 나와 멀리 떨어진 테이블에 앉아서 바깥을 내다보고 있는 여자친구는 금방이라도 나를 떠날 것처럼 예뻤다.

그 애는 의자 위에 쪼그려 앉거나 다리를 꼬고 먼 곳을 바라보면서 담배를 한 모금 쭉 빨았다. 그러면서 휴대폰을 보는 법은 절대 없고 나를 보지도 않았다. 옥상 아래로 사람들이 지나가는 모습을 보는 걸 가장 좋아했다.

나는 그 모습을 뚫어져라 보고 싶은 마음을 어누르고 여기저기로 시선을 돌리며 잠깐씩만 보았다. 굵은 담배가 개의 손가락에서 흔들흔들. 내가 모르는 즐거움을 누리고 있는 여자에 대한 결핍감과 자극. 그 애가 뱉은 연기를 나중에 아주

연하게 맞을 때 약간 겹쳐지는 느낌도 좋았다.

사장은 내 여자 친구가 담배를 태울 때 방해하는 법은 없었지만 은근슬쩍 다른 테이블들의 재떨이를 치우며 말을 붙였다. 그는 친절하게 웃으며 대꾸했다. 그럴 때 걔의 얼굴은 애 같다.

새벽에 우리는 헤어지기로 하고 큰 길가에 서서 택시를 기다렸다. 그에게 "담배 피울래?" 하고 물었다. 그는 골목 안쪽으로 들어가 담배를 태웠다. '얘가 이걸 다 피우면 이제 그다음에는 헤어져야겠지' 하는 생각이 들었다.

이제 내 주변에는 나만 빼고 모두 담배를 태운다. 사람들이 담배를 태우며 수다 떠는 모습을 본다. 누가 누군가에게 불을 붙여주고 담배를 빌리고 하는 모습도 본다. 그러다가 나도 좀 떨어져서 계단이나 담벼락에 올라앉는다. 그럴 때면 내가 어떤 시간으로부터 멀어졌다는 실감이 난다.

오리지널
러브

1.

세상에는 인간의 몸에 잘 들러붙는 리듬이라는 게 있는 걸까. 악틱몽키즈의 〈SOS〉가 그러하다. "SOS호로 돌아가고 있어 몇 시간이 걸리든 산 넘고 물 건너 돌아가고 있어." 이 노래는 허공에 대고 소리를 지르는 것 같았다. 세상의 다른 음악들이 그렇듯이. 내가 지금 이 노래를 듣고 있는 이유는 이 음악이 끈덕지기 때문이다. 내 안에 있는 집착과 기억을 불러내고, 산 넘고 물 선너 기차 타고 운전해 도착했던 누군가의 집에 관한 생각을 하게 만들기 때문이다. 애초에 별로 많은 말을 하지도 않고.

2.

 음악 하는 사람을 좋아하게 되면서 나는 본격적으로 질투했다. 그때부터 내가 다룰 줄 아는 악기가 없다는 것과 어떻게 해서 음악이 만들어지는지 모른다는 것이 크게 문제가 되었다. '나는 글 쓰는 네가 좋아. 그런 문제가 아니야.' 나는 그가 노래 부르는 것을 보면서 한순간도 눈을 뗄 수 없다는 것이 무엇인지 알게 되었다. 오래된 슬픔과 야릇함이 있었다. 비상. 그가 쓸 줄 아는 언어를 나는 쓸 줄 모름.

 원천을 알지 못한다는 열등감. 나는 변태적 충성심을 인정해야 했는데, 이 열등감은 달콤하고 생생한 생의 의지가 되어주기도 했다. 나는 그를 사랑하면서 더 많은 음악을 더 탐욕적으로 듣기 시작했다. 음악을 할 줄 안다는 것은, 언어 이외의 표현법을 하나 더 갖고 있다는 것이 아니라 그가 무언가를 전혀 다르게 느낀다는 것이었다.

 나는 그것의 실체를 알지 못한다. 그저 내 눈과 코와 귀, 손으로 부지런히 핥고 느껴볼 뿐이다. 그래서 이게 대체 왜 좋은 건데. 이 기타가 도대체 왜 이런 느낌을 주는 거냐고. 내가 닿을 수 없는 알지 못하는 그의 세계가 있다는 것이 나에게 사랑의 맛을 보게 했다.

3.

강렬함과 상관 없이 이야기가 되는 재료가 있고, 아닌 재료가 있다. 창작물에 박제되는 게 좋은지, 아니면 창작물로 쓰지조차 못 하게 입자가 큰 존재로 남는 게 좋은지 내가 뭘 원하는지 아직 모르겠다. 한 이야기 안에 한 사람이 완전히 들어가는 것도 아니고, 그것이 그 사람과만의 일이 아니기도 하다. 세상과 나 사이. 나의 생각 안에서 벌어지는 일들이다. 나는 뭐가 됐든 그에게 음악만큼 소중하고 특별한 존재가 되고 싶었다. 한 가지 확실한 건, 누구도 자기 집 뒤에 있는 100년 된 나무로는 베어서 가구를 만들지 않는다는 것이다. 그 나무 아래서 시간을 보내고 무언가 떠올랐을 때 시장에서 나무를 사다가 이리저리 만들어보겠지. 그 결과물이 우리가 창작물이라 부르는 어떤 것이다.

4.

처음 그가 오리지널 러브의 〈입맞춤〉을 들려주었을 때 나는 이상한 기분에 돌아버릴 뻔했다. 노래가 너무 좋았다. 이 사람의 목소리가 목을 뚫고, 한 번 긁고 지나왔다. 소리가 내

피부 밑으로 들어왔다. 혼자 있을 때 이 노래를 연속 재생했다. 누군가의 마음을 이렇게까지 흔들 수 있는 것은 음악뿐이었다. 심지어 절대 사랑하지 않을 사람을 끝도 없이 보게 하는… 이 힘은 뭐란 말인가.

어느 날 그가 이 사람의 공연을 보러 갈지도 모른다고 했다. 나는 그 말이 청천벽력으로 느껴졌다. 어떻게 그렇게 야한 짓을…. 공연에 가는 것은 매개 없이 음악가를 만나고 1시간이 넘도록 그의 이산화탄소에 반응하는 걸 뜻했다. 그때부터 입을 다물고 다가올 이별을 준비라도 하듯 심란하게 거리의 불빛을 바라보고 있었다. 그런 식으로 셋이 한 사랑이 몇 개는 된다.

며칠이 지나고 그가 평생 이 밴드의 음악을 재생한 횟수보다 내가 그 음악을 들은 횟수가 더 많아졌을 때, 나는 가사의 훌륭함을 칭찬했다. 연인이 말했다. "어딘가 허전한 오늘은 그대의 젖은 눈빛이… 기뻐, 라고 하잖아. 그게 쩌는 거 같아."

늦은 오후 문득 혼자 깨달아버린 것이다. 인정할 수밖에 없겠다고. 정말 그렇다고. 내가 여태껏 음악에 감동했던 건, 차에 오르자마자 들을 노래를 골랐던 건, 나 음악이 갖고 있는 진동 때문이었다. 나는 내 열등감과 사랑에 빠진 것인지도 모른다. 뮤지션에게는 많은 관객이 지켜보는 무대 위에서도 집에 혼자 있는 것처럼 구는 능력이 있다. 음악은 사람을 신나게 하고 3분만에 기분을 바꾸며, 글자를 몰라도, 듣는 사람이 악인이라도 동요하게 한다.

왜냐하면 음악은 네가 아파트에서 나와 천변으로 들어설 때 함께 있기 때문이고 모든 것을 배경으로 만들어주기 때문이고, 하나하나 잘 보이게 해주기 때문이다. 갑자기 일시에 모든 게 일어나버리는 일처럼. 나는 그 힘을 부러워했던 것 같다. 드럼이 심장을 뒤집어놓는 것처럼, 기타가 사람 마음을 한 번 쥐었다 놓는 것처럼, 음악은 오랜 달리기 뒤의 휴식을 그냥 줘버리기 때문이다.

더워지고 싶어서
그 시집을 샀다

일레인 스케리는 《아름다움과 정의로움에 대하여》에서 이렇게 쓴다. 아름다움에서의 착오를 상기하는 사람들은 아무래도 실수의 두 가지 장르 중 하나를 묘사한다고. 하나는 전에 아름답다고 여겨진 어떤 것에 더 이상 그렇게 간주될 자격이 없다는 깨달음이며, 다른 하나는 아름다움이라는 속성을 철회했던 어떤 것들이 그동안 내내 아름답다고 불릴 자격이 있었다는 갑작스러운 깨달음을 묘사한다고 말이다.

그때 술집 주인은 먹태를 까고 있었다. 가게 천장에 달려 있는 텔레비전에서는 아무도 보지 않는 드라마가 방영되고 있었다. 과자나 맥주 따위를 가져다 먹는 술집이있다. 술값을 아끼고 싶은 회사원들이 회식 2차로 올 만한 곳이었다. 나와 홍은… 돈을 아낄 마음이 없었다. 무엇이든 아끼고 싶지 않았다. 하지만 그때 우리가 살던 신도시 아파트 근처에는 갈 만한 술집이 없었다. 분위기도 맛도 따지지 않고, 벽과 술만 있으면 되는 사람들이 모여드는 술집이었다. 술집 주인은 나와 홍의 마주 앉은 모습을 보고 처음에는 관심이 없었다. 하지만 우리가 점점 더 취해서 사랑 고백을 하고 있을 때 그는 확실히 머리 위 드라마보다 눈앞에서 일어나는 욕정의 교환에 더욱 관심을 가지는 것 같았다.

나는 홍에게 집요하게 물었다. 좋아하는 사람이 있는지, 책 대여점 주인 ○○씨가 아닌지, 그는 펄쩍 뛰며 그 사람을 어떻게 좋아할 수 있냐고 미쳤냐고 되물었고 나는 그가 강하게 부인할수록 기쁨을 느꼈다. 그것이 나와 홍의 제대로 된 첫 번째 만남이었다. 큰 행사장 같은 데서 마주치고 인사한 뒤로 인터넷에 올려둔 지금까지 읽은 책의 목록, 리뷰, 먹은 것, 일기 같은 것들을 살펴보며 조금씩 어떤 사람인지 파악해나가는 즐거움이 있었다. 하지만 눈을 똑바로 마주치고, 몸의 무게를 느끼고, 걷는 모습을 보고, 어떻게 말할 때 웃는지 어떻게 말할 때는 웃지 않는지 알게 된 것은 오늘이 처음이었다.

어떻게 그럴 수 있었을까? 우리는 첫눈에 빠져들었다. 사람을 좋아하고 천천히 알게 되기보다도 그때까지 찾던 단 하나의 물건을 찾은 것처럼 서로를 발견했다. 먼 여행을 떠났다 돌아온 사람이 자기 침대에 누워 한숨을 쉬듯 '아 나는 너야!' 하고 당연하게 여겼던 것이다. 과자와 병맥주로 둘러싸인 한산한 가게에서 우리는 외투에 손을 넣은 채로 눈을 마주치며 이야기를 하고 있었다. 너무 얇은 문을 밀고 금방이라도 없어질 것 같은 그 술집에서 나왔다. 화장실이 급해 일찍 헤어졌다. 그와 헤어지고 나서는 표지가 하늘색인 시집을 샀다. 자신에게 무슨 일이 일어났는지 알지 못하는 사람이 하는 일 중 하나는 서점을 배회하고 자신과 가장 멀어 보이는 것을 사서 집에 오는 것이다.

**학교
운동장**

나는 계단에 서서, 먼지와 지문이 묻은 창 너머로 농구하는 애들을 보고 있었다. 한 여자애가 농구하는 무리에서 한 명을 불렀다. 여자애가 먼저 돌아섰고, 남자애는 한동안 멈춰 서 있다가 다시 운동장으로 뛰어 내려갔다. 동작이 크고 힘없어 보였다. 남자애는 다리에 힘이 빠졌는지 아니면 너무 더웠는지 양쪽 허벅지에 손을 댄 채로 여자애의 말을 듣고 있었다. 누군가의 고백과 누군가의 실연은 학교의 이벤트였다. 여자애가 희내의 이벤트를 마치고 교실에 돌아왔다. 아무렇지 않게 해야 할 것들을 하면서 시간을 보냈다. 그 뒤로 남자애가 다른 여자애와 바람을 피우고 있었다는 사실이 밝혀졌다.

여자애는 그때 남자애와 뽀뽀를 하지 않은 것을 다행이라고 여기는 것 같았다. '저녁에 학교 운동장에서 산책하기로 하고 만났는데 해가 져서 조금 어두웠거든 그래서 내가 하든지 개가 하든지 뽀뽀를 좀 했으면 좋겠다고 생각했는데 망설이다가 둘 다 못했어. 그런데 그렇게 된 게 잘 된 거 같아. 했으면 우스워질 뻔했지' 같은 목소리가 들리는 것 같았다. 나는 가끔 아무도 운동장에 관심을 주지 않을 때 조회대로 내려가는 계단에 슬쩍 앉아 있는 걸 좋아했는데 그때마다 그 여자애가 생각이 났다.

녹색 나무들이 빽빽한, 저녁이면 중년들이 걸으러 오는 이 운동장에서 뽀뽀를 상상했을 그 여자애를 상상했다. 여드름이 좀 덜한 볼을 찾아, 키 차이가 나니까 까치발을 들거나, 아니면 벤치에 앉도록 하고…. 그러기에 학교는 좋은 곳이었을까? 아무래도 세이클럽으로 상대방이 바람 피운 사실을 알게 되는 건 청소년에게 너무나 큰 비극이자 불공정이다. 쪽지가 가득 채운 화면, 빠르게 올라가는 채팅창. 그 애를 학원 차에서 만나면 쳐다보지 않고 인사도 하지 않고 그냥 힙합을 들어야겠다고 생각했다. 뽀뽀한 다음에는 어떤 표정을 지어야 하지? 그런 생각을 하면 아무것도 할 수 없는 것 같다.

"나는 젊은 사람들을 좋아해요. 젊은이들은 미치광이 같

아요."(알랭 비르콩들레, 《뒤라스의 글쓰기》, 글항아리, 9쪽)

    내가 좋아하는 선생님은 사진부 담당이었기 때문에 나는 사진부에 들어갔다. 사진 찍는 것도 찍히는 것에도 관심이 없었지만, 나는 결국 엄마를 설득해 카메라를 사는 데 성공했다. 안내문에는 카메라가 없는 학생도 사진부에 들어올 수 있다고 쓰여 있었지만, 선생님이 나한테 내린 유일한 지령처럼 느껴졌으므로, 나는 무조건 카메라를 가져가야만 했다. 스스로에게 완전히 속아 넘어간 나는 엄마에게도 확신을 가지고 말했다. 카메라가 필요해. 엄마는 '그럴 리가' 하는 표정이었지만 나에게 올림푸스 디지털 카메라를 사주었다. 사진부 첫 수업 날 알게 된 사실. 사진기를 가져온 사람은 나밖에 없었다.

    선생님은 앞에서부터 종이를 한 장씩 나눠 가지라고 일러주면서 거기에 사진부에 들어온 이유를 적으라고 했다. 나는 내가 할 수 있는 최대한의 표현을 담아, 내 인생에서 이 시간이 얼마나 소중한지, 내가 이 특별활동을 얼마나 기다려왔는지 지금 생각해보면 과하다 싶을 정도로 적었다. 작은 크기의 카메라 그림을 곁들여.

    무엇보다 선생님을 좋아하기 때문이었는데, 손안에 들어

오는 작은 카메라는 꽤 유용하게 쓰였다. 버튼을 이리저리 누를 때 딸깍대는 소리도 마음에 들었고, 배터리를 넣고 뺄 때 장착되는 느낌도 중독적이었다. 중간중간 소풍이나 해양소년단 여행에도 카메라를 들고 다녔다. 사진이라는 두 글자에 내가 그 선생님을 생각하는 마음이 덧씌워져서, 사진이라는 단어 자체가 나에게 불러일으키는 마음이라는 게 생겨버렸고, 일주일에 딱 한 번인 그 시간은 시간표상에서 튀어나올 것처럼 빛을 발하고 있었다. 하필 그날이 휴일로 지정되거나 학교의 사정 때문에 그 시간에 사진반 수업을 듣지 못하면 난 최대한으로 절망할 준비가 되어 있었다. 그 선생님의 존재는 내 학교생활을 완전히 바꿔주었으므로.

아침 조회 시간에 이번 주 특별활동 시간을 운동장 미화 시간으로 바꾼다는 말을 들었을 때 나는 피눈물을 흘릴 뻔했다. 하지만 반으로 돌아올 필요는 없고, 특별활동반에서 선생님 지도하에 함께 환경미화를 한다는 안내를 듣고 가슴을 쓸어내렸다. 선생님과 사진반 교실이 아닌 다른 곳에 함께 있을 수 있다는 것과 새로운 것을 함께 할 수 있다는 생각에 닭살이 돋을 정도로 갑작스럽게 신이 나기도 했다.

내가 선생님을 얼마나 좋아했느냐면, 선생님의 싸이월드 미니홈피의 도메인을 알기 위해서라면 뭐든 할 기세였다. 내가 그걸 애타게 찾아다니는 걸 알게 된 친구 하나가 "오늘 학교 끝나고 노래방에 같이 가면 주소를 알려주마" 하고 말했다. 그 말이 정말이냐, 들떠서 노래방에도 오락실에도 따라갔다. "미안, 사실 몰라." 그가 무책임하게 웃을 때 얼마나 기운이 빠졌는지 길바닥에 녹아내릴 뻔했다. 그건 그가 나를 속여먹었기 때문에 화가 난 것도 아니고, 허무해서도 아니고, 선생님의 일기나 흔적을 느낄 수 있는 유일한 길인 미니홈피의 주소를 알 방법이 나에게는 정말 없다는 것을 깨달았기 때문이었다. 그래서 나는 뭐라고 할 기운도 없는 채 집으로 돌아갔다. 그게 왜 그렇게 궁금해? 별거 없을 거야, 하는 위로 반 장난 반 식의 말은 그 아이들과 내가 얼마나 다른 세계에 있는지 확인시켜주었다. 아이디를 뭘로 해놓았는지, 미니홈피 색깔은 어떻게 설정해놓았는지, 배경음악은 어떤 건지 그런 것을 아는 게 내 인생에는 엄청나게 중요하냐고….

애인을 만들고 싶은 여자°

 살다 보면 애인 만들고 싶은 여자를 만난다. 그 여자가 지금까지 어떻게 살아왔든 말든 이제부터는 나랑 행복해질 일만 남았다는 확신이 들면서, 이제 앞으로 우리가 어떻게 하면 되겠다는 생각이 점점 커진다. 이것이 흔하게 사람들이 말하는 집착이나 정신병이라고 하더라도 내가 사랑에 빠져 있는 동안에는 어쩔 수가 없다.

 내가 그 여자에게 허우적거리는 동안 일어나는 일들은 별게 없다. 휴대폰으로 도착하는 메세지를 기다리는 것, 그 사람이 자주 다니는 동네에 나도 갈 일을 만들어 자연히 마주칠 기

° 박완서의 단편 〈연인들〉 속 문장에서 따온 제목.

회를 엿보는 것(하지만 다들 실내에서 생활하기 때문에 그런 일은 거의 없다).

나는 최근에 가족의 병문안에 다녀왔다. 거기에는 나의 가족을 보살피는 오래된 파트너가 있었다. 번갈아가며 병실을 지키는 그 둘을 보면서 '사랑이라는 것은 이런 것이구나. 내가 되고 싶은 것은 그의 보호자구나. 그가 아니라 그의 할머니, 이모, 고모, 누가됐든 간에 그와 함께 병실을 지킬 만발의 준비가 되어 있는 상태인 것이구나' 하고 생각했다. 애인 삼고 싶은 여자를 만나면 그가 요청한 적도 없는 일을 나 혼자서 상상하곤 한다.

친구가 새로 만난다는 남자 이야기를 들었다. 어디가 어떻게 좋냐고 물으니 대화가 된다는 점이 좋다고 했고, 그다음에는 몸의 한 부위를 가르켰다. 친구는 손날을 세워서 반대쪽 팔의 접히는 부분에서 손목 사이를 탁, 탁 두 번 쳤다. "여기서부터 여기까지가 예뻐." 거기가 예쁠 수 있나? 나는 그 여자애를 생각했다. 걔도 그렇다는 식의 눈치 없는 이야기를 꺼내지 않기 위해 노력했다. 그렇게 따지면 나는 정수리 위 허공에서부터 발끝 땅바닥까지를 손으로 쳐야 하는 게 아닐까? 나는 그를 쳐다보고 있으면 생각지도 못한 유산을 물려받은 기분이 든다.

나는 착하고 부드러운 그가 갑자기 거두절미하고 "한나" 하고 부르는 것이 좋다. 거기서 그의 결단력이나 카리스마 같은 것을 느끼는 건지도 모른다. 그래서 우리가 나중에 어떤 결단이 필요한 상황이 오면 그가 나에게 선사해줄 어떤 것들을 미리 상상하게 되는 것이다.

커피 한 잔을 다 마시고 빵도 한 덩어리를 다 먹을 때까지 카페에 죽치고 앉아 있었지만 그에게는 소식이 없다. 오늘은 아무 일도 일어나지 않았다. 내가 아무리 그를 내 것으로 하고 싶다고 해도, 내가 아무리 급해도 9시에 문을 열어 5시에 닫는 카페처럼 매일매일 그 고생을 해야지만 한 달 쓸 돈이 벌리고 생활이 되는 것처럼 내 사랑도 그런 것 같다.

그 여자가 하는 일로도, 그 여자가 하루를 보내는 방식이나 그 여자가 좋아하는 액세서리나 자주 쓰는 말투에 관해 이야기한다고 한들 그 여자의 털끝 하나 설명해낼 수 없다. 사진을 보여주려고 해도 그렇다. 살아서 움직이고 소리를 내고 다른 사람이 하는 말을 열심히 들으려고, 그게 장난이고 거짓이라고 할지라도 진지한 태도로 우선은 귀 기울여 들을 때 그의 얼굴이 얼마나 순한 동물처럼 느껴지는지, 그래서 그 옆에 누굴 갖다 대 보아도 그 여자가 너무너무 아까워서, 옆에 있는 사람을 외딴 섬에 가둬버리고 싶어지는 마음을 어떻게 설명해야 할지 모르겠다.

이런 생각을 하는데 카페 화장실에 남자아이가 갇혀 나오질 못하고 있다. 애 엄마, 애 아빠, 또 다른 애, 열쇠를 찾아온 사장까지 줄줄이 사탕이 되어 실랑이를 벌이고 있다. 친구는 이 카페가 원래 이렇게 붐비는 곳이냐 묻고, 나는 내 안에서 벌어지는 일과 내 몸뚱아리가 놓인 현실이 안 어울린다는 생각을 한다. 예쁜 화단, 금방이라도 비가 쏟아질 것 같은 하늘, 기름이 떨어진 차…. 그걸 타고 친구를 역에다 데려다줄 것이다. 제 애인하고 순항하고 있다는 이 여자아이를. 그 남자도 내 친구를 자기 여자로 만들고 싶어 어쩔 줄을 몰라 하고 있을까. 나는 그런 생각을 하면서 그가 내 친구에 의해 느낄 갈증까지 내 것으로 여기는 걸 즐긴다.

모든 걸 저에게
알려주세요

대학 때 나는 사랑에 빠져 있었다. 그런데 그게 어디에 빠진 사랑인지 모르겠다. 뭔가 알고 싶었던 것 같다. 나에 관해서도, 세상에 관해서도. 도서관을 찾아다니다 결국 발견한 책 한 권, 우연히 듣게 된 학점과 상관없는 수업, 캠퍼스에서 만난 어떤 사람. 그건 너무 20대의 열렬함이어서, 나는 급기야 창피한 줄 모르고 학교 신문에 이런 글을 쓰고 말았다. "알고 싶어서 듣는 강의가 얼마나 소름 끼치게 즐거운지 온 캠퍼스에 자랑하고 싶다. (…) 그의 강의가 얼마나 명쾌한지 넋 놓고 보게 된다. 내가 허밍으로 따라 하는 팝송을 정확한 발음으로 따라 부르는 사람을 볼 때처럼. 앞에 있는 저분의 세계관이 궁금하고, 생각을 흡수하고 싶어진다. 내 우주를 넓혀줄 것 같다." 나는 당시에 사회학 수업을 듣고 있었고, 취업에 도움이 되지 않는 그 전공에 대해서도, 그 전공을 선택한 학생들에 대해서도, 그걸 가르치는 선생에 대해서도 어떤 환상을 가지고 있었다. 내가 무언가를 알도록 도와줄 것이라는. 게다가 교수님은 망아지 같은 20대가 좋아할 수밖에 없는, 버석하고 세상만사에 무심해 보이는 분이었다.

드라마 〈하이퍼나이프〉는 수술의 즐거움에 미친 천재 학생 정세옥과, 뇌 수술 권위자 최덕희 교수의 이야기다. 정세옥은 뇌를 좋아하는 만큼 최덕희를 좋아한다. 숭배인지 지식에 대한 열망인지 모를 감정은 드라마 안에서도 잘 설명이 되지 않는다. 이것 하나만은 분명하다. 둘이 닮았다는 것. 세상살이에는 어딘가 마비된 채로 수술에만 매달리는 두 천재라는 것.

정세옥은 매일 뇌 생각만 하고, 아이스크림을 고를 때도 뇌 색깔과 비슷한 분홍색 수박바를 먹는다. 최덕희 교수가 귀국해 학교로 돌아오는 날, 그는 연구실 문을 벌컥 열고 들어가 마침내 그와 독대한다. 그리고 말한다. "선생님 논문 외우라면 외울 수도 있어요. 한 자도 버릴 게 없으니까. 최고니까."

나는 이것이 최고의 사랑 고백이라고 생각했다. 여름날

비 사이로 달려오는 확신에 찬, 존재를 건 사랑. 정세옥은 비 오는 날 그의 앞에서 무릎 꿇고 말한다. "전부 알려주세요. 아까워하지 말고, 교수님이 알고 있는 모든 걸 저에게 알려주세요." 그 강렬함의 정체가 그 사람이 살아온 시간에 대한 사랑이든, 그 사람에 대한 사랑이든, 자신의 야망에 대한 열렬함이든, 그 정체는 중요하지 않다. 살면서 '그 사람 머릿속에 있는 걸 전부 알고 싶다, 내 걸로 만들고 싶다. 알아야겠다' 하고 생각이 드는 경우는 별로 없다.

이 세상 것이 아닌 정신이야말로 이 세상을 놀라게 할 말을 한다. 그리고 사랑은 우리의 정신을 저세상으로 보낸다. 정확히 그 에너지만큼 우리를 이 세상에 달라붙게 한다. 내가 궁금해하는 그 사람이 이 세상에 있으니까. 그가 우리의 언어로 말하고, 우리의 언어로 생각하니까. 좋아하는 사람이 쓴 논문을 읽는 것만큼 변태적이고 쓸데없는 일은 없다. 너의 정신의 산물을 사랑하고 네 삶의 지향점을 사랑한다는 것보다 더 근사한 사랑의 형태를 아직 나는 모르겠다.

유성
시장

나는 언니라는 말을 보면 열무가 나를 부르는 말처럼 느껴진다. 누가 누군가에게 언니라고 부르는 걸 보면, 2017년에 열무가 나한테 언니라고 했던 게 생각난다. 그 애가 나를 부르는 언니 소리는 듣기 좋은데, 그건 아마 내가 책임감을 느끼기 때문일 것이다. 그런데 얘가 요즘은 나를 '야'라고 부른다. 이승기와는 다르다. 나는 그가 나를 더 이상 언니라고 부르지 않는 게 나에게서 영영 멀어진 것처럼 느껴지곤 한다.

우린 아주 친한 사이다. 같은 초등학교, 같은 중학교, 같은 고등학교를 다녔다. 나이 차이 때문에 초등학교를 제외하고는 함께 다닌 적이 없지만, 같은 아파트에 살았다. 그래서 은아아파트 1단지에 앵두나무가 있었던 것도 둘 다 알고 있다.

그리고 그보다 더 중요한, 그 동네에 가면 둘 다 편안함을 느낀다. 그리고 그 동네의 못 말리는 노인들에 대한 애정도 느낀다. 월요일에 도서관 가고 싶으면 구암도서관에 가도 된다고, 다른 도서관들 다 월요일 휴무인데 구암도시관은 일요일에 휴무라고 그 앤 그렇게 말해줬다.

열무네 방 침대에는 읽다가 덮어놓은 《초인적 힘의 비밀》이 있고, 걔는 그 방에서 저녁을 먹는다. 아무리 봐도 저녁이라고 할 수 없는 것을…. 낮에 유성장에서 산 수미감자에 코스트코에서 산 치즈를 뿌려 찰토마토와 먹고 IPA 맥주를 마신다. 걔 방에 서 있으면 창밖으로 유성천이 보인다. 얼마 전 거기서 수달이 발견되었다. 열무의 아버지가 가족 카톡방에 제보했다. 강을 내려다보며 마시는 맥주가 맛있겠다고 하니 그는 이렇게 답했다. '초여름의 맛.' 감자와 토마토와 밤에 마시는 IPA. 그는 이제 편의점에서 파는 세계맥주가 네 개에 1만 2000원이 되었다며 슬퍼했고, 나는 그런 것을 이야기해오는 사람이 있어서 좋다고 생각했다. 나는 낮에 마신 막걸리 때문에 초저녁 잠을 자고 일어나 어안이 벙벙하다. 세계가 뒤집힌 것 같다. 혹은 세계에 있는 내가 뒤집혀 머리로 서 있는 것 같다. 도무지 이런 기분에는 요리를 할 마음도, 맥주를 곁들일 생각도

나지 않는다. 걔네 집에서 붙어온 고양이 털에 재채기가 난다. 그게 오늘 있었던 일이라는 걸 유일하게 알 수 있는 대목이다. 코가 아주 간지럽다.

개랑 나는 밥을 먹고 나오는 길에 핫바를 하나씩 사 먹었다. 치즈 핫바랑 기본 핫바 해서 2500원이었는데 걔는 3000원을 내고 500원은 됐다고 했다. 핫바 파는 아주머니가 수줍게 웃으며 그럼 이거 먹으라고 떡이 든 핫바 두 조각을 우리 앞에 놔줬다. 걔랑 다니면 그런 일이 잘 생긴다. 시장에서 권총을 보고, 단추 하나 더 잠그라고 일갈하는 아저씨를 만나고, 세상이 요지경인 걸 피부로 느끼게 된다. 그러고도 좋은 건 개랑 그것에 관해 이야기할 수 있어서다. 무인 아이스크림가게에 붙은 도둑의 CCTV 사진을 보며 그가 왜 그랬을까 10분 동안 떠들 수 있다. 오늘은 시장에서 조금 떨어진 벤치에 앉아서 바람을 쐬는데, 옆 벤치에 앉아 있는 아저씨가 난 저 앞에서 식당을 한다며 절편을 권했다. 시장에서 많이 먹고 나온 참이라 괜찮다고, 아저씨 드시지, 하고 얼무기 말하니까 아저씨는 이걸 다 못 먹는다고, 그런데 내일이 되면 굳으니 누구라도 줘야지 싶다고 했다. 음식을 남기면 안 된다고. 걔는 충청도에서 30년 산 것 같은 말투로 말끝을 길게 늘여서 그에게 인사했고, 나도 덩달아 그에게 상냥하게 웃어 보이며 벤치에서 일어났다. 걔는 쪼리 신은 발 뒤꿈치를 내가 실수로 밟아도 앗, 같은 소리를 하나도 안 내고 그냥 걷는다.

발맞춰 걸어주는 일도 없고 차에서 내리면 먼저 가버리는 그와 계속 걷고 싶어 하는 것은 아마도 그와 있을 때 조금 더 세상을 향해 열리기 때문이다. 얘랑 다니면 시비 걸 것 같은 노인들이 더 많은 말을 해준다. 그럼 나는 더 많이 웃는다. 그런 사람과 함께 시장에 가고 싶어지는 건 당연한 일처럼 느껴진다.

언니는 한국어로
사랑을 고백할 수 있어?

내가 어릴 때 좋아했던 여자애는 갈수록 대단해진다. 주변에서는 그를 보고 점점 더 예뻐진다고 말하지만, 그것만으로는 정확히 설명되지 않는다. 점점 더 그 애 자신 같아진다. 그렇게 말했더니, 그 애는 초등학생 때 자기가 커서 연예인이 될 줄 알았다고 했다. 하지만 크면서 '아 그 정도는 아니구나'라고 생각했다는데, 나는 이런 예상하지 못한 말을 들을 때 그를 더 좋아해버리고 만다.

그를 집에 데려다주고, "이제 난 니가 벌레가 된다 해도 좋아할 듯" 하고 메세지를 보냈더니 개한테 답이 왔다. "그레고리 잠자처럼 잘 자." 카프카를 그다지 좋아하지 않으면서 벌레 이야기에 바로 그레고리 잠자 이야기를 하는 것이 마음에 든다.

몸속이 간지러운 기분이 들면서 '내 연인은 너, 너와 평생 함께 할 수 있는 사람은 나' 하는 생각이 든다.

우리는 고등학교 때 국어 선생님이 빈폴만 입는 것을 알고 있고, 그래서 빈폴 매장을 지나갈 때 그 선생님 이야기를 할 수 있다. 하지만 우리가 모든 고등학교 동문과 그런 식으로 사랑에 빠지게 되는 것은 아니다. 〈미안하다 사랑한다〉를 보고 있다고 하면 웃거나 "그게 몇 년 전 드라마지?" 하고 묻는 게 아니라, 자기는 얼마 전에 〈발리에서 생긴 일〉을 봤다고 말했다. 그럴 때 나는 그가 너무 좋아지지만, 비슷한 부류의 인간이라서 사랑하는 것도 역시 아니다.

그 애는 미셸 자우너를 좋아하지만 나는 《H마트에서 울다》도 끝까지 안 읽었고, 그 애는 만화책을 좋아하지만 나는 만화방에 가서도 무얼 읽어야 할지 몰라서 돌아다니다가 시간을 다 쓰고 나온다. 걔는 밴드의 프런트맨을 좋아한 적이 있지만 나는 누군가가 음악하는 남자를 좋아한다고 하면 입부터 삐죽거리고 본다.

우리는 결정적으로 불운이 비슷했다. 우리는 살아가는 방식이 비슷했고, 그래서 얘가 어떻게 살고 있는지 궁금했다. 오늘은 또 길에서 어떤 사람들을 구경했는지, 어떤 비참한 광경을 봤는지, 무엇을 보고 웃었는지. 내가 내 엄마를 어떻게 생각하는지 내 엄마보다 걔가 더 잘 알았다. 말하자면 나는 걔의 삶과 걔가 사는 방식을 좋아했다. 그와 있으면 완전한 합일감이 들어서, 그와 좀 더 꽉 안으면 몸이 반투명해져서 살짝 그의 안으로 들어갈 수 있지 않을까 하는 생각이 들었다.

걔는 다른 사람들과 오래 있는 걸 좋아하지 않아서, 술 마시며 떠들다가도 갑자기 시계를 보고 "아, 이제 가야겠다" 하고 일어나버린다. 그러면 사람들은 일제히 아쉬워하고 그를 붙잡기 위해서 노력하지만 걔가 귀가하는지 마는지는 걔 마음에 달려 있다. 그런 모습들이 그 애의 여러 겹의 옷과 속옷도 입지 않으면서 어깨를 쭉 펴고 다니는 외양과 어울린다. 그 애는 나라 안팎에서 많은 이의 관심을 한 몸에 받는다. 가끔 주변 사람들을 통해 그런 이야기를 전해 듣곤 하는데, 그럴 때 나는 참을 수 없이 화가 난다. 나한테 화낼 자격이 없다는 걸 알아도 그렇다.

한번은 여행을 갔다가 편의점 앞에 함께 서 있는데 중년의 백인이 말을 걸어왔다. "불 좀 빌려줄래?" 친구들 중 한 명이 라이터를 빌려주었다. 그는 내 여자애를 향해 말했다. "넌 참 좋은 에너지를 가졌구나." 나는 그 순간 느껴버렸다. 저 빨간색 반바지를 입은 백인 눈에도 이 아이가 아름다워 보인다는 것을….

날은 푹푹 쪘다. 나와 그는 숙소를 향해 걸었다. 어제오늘 사람들이 이런 걸로 말을 건다며 "사이비인가? 신종 사기인가?" 고개를 갸우뚱거렸다. 나는 결국 길바닥에서 소리쳤다. "야 저 사람이 왜 저렇게 말하는지 모르겠어? 너랑 자려고 그러는 거잖아, 씨발!"

개가 짖었다. 거의 우리를 따라다니면서 짖었다. 시끄럽고, 길가의 돌은 깨져 있고, 길은 어두워서 앞이 잘 안 보였다. 어둠 속에서도 개의 얼굴이 한순간에 굳어졌다는 걸, 온몸이 화로 가득 찼다는 걸 느낄 수 있었다. 개는 내가 한심하다는 듯이 말했다. "그게 너랑 무슨 상관이야? 내가 그 사람이 그렇게 말한 뜻을 알아서 달라지는 게 뭔데? 난 그냥 기분만 나쁠 뿐이야. 그렇게 말하는 언니는 나를 뭐라고 생각하는 거야?"

나는 개가 방으로 들어가버린다고 할까 봐 걱정됐다. "니 잘못은 전혀 없지… 근데 세상이 위험하니까 걱정돼서… 그래도 그렇게 말해서 미안하다…" 나는 갈수록 구질구질해졌다. 내가 묵는 숙소의 컨디션처럼.

헤어지고 다시 만난 날 우리는 침대에 앉아 우리가 헤어져 있는 동안 어떤 사람을 만나 어떤 연애를 했는지 이야기했다. "그럼 내가 너랑 헤어지고 아무도 안 만났을 줄 알았어?" 난 속으로 응, 이라고 대꾸했다. 어쩌면 나는 그에게 불을 빌리고 싶어 하는, 배불뚝이 남자와 다를 바가 없는지도 모른다. 나는 그 애에게 모기약을 빌리기 위해 걔의 방 앞에 있는 의자에 앉아서 걔를 기다렸고, 말을 붙였고, 같이 침대에 누워 있을 때는 여기서 같이 잠들면 좋겠다고 생각했다.

어제는 그 애와 새벽이 올 때까지 떠들었다. 걔가 "아, 벌써 3시야? 가야겠다" 하고 일어났는데 그전에 노란 조명을 받은 뒤통수가 빛나서 무슨 말을 하려다 못 하고 "야, 너 참 잘 컸다" 하고 말았다. 방문 앞에서 신발을 신는 걔한테 말을 걸었다. 아 왜 자꾸 불러, 하고 말하는 걔를 세워 놓고, 그래서 이제 어떻게 살아갈 거냐고 계획을 물었다. 그 애는 지금의 삶에 큰 불만이 없다고 했다. 나는 그 애에게 불만이 좀 생겼으면 했다. 걔는 그때 새벽 3시의 울창한 식물 앞에 서 있었다. "너 지금 되게 잘 어울린다." "나는 열대랑 잘 어울리잖아." 그리고 돌계단을 걸어 내려갔다. "맞지. 너 진짜 열대랑 잘 어울리지."

나는 그가 귀여워 보일 때 그의 머리를 만져도 된다고 생각한다. 그가 잠들었다가 뒤척일 때 그를 끌어안아도 된다고 여긴다. 그에게 잘 자라고 말하고 방에서 나오기 전에 그의 볼에 손바닥을 대도 된다고 믿는다. 나는 내가 그 애를 영원히 좋아해도 된다고 생각한다. 그 애에게 래퍼 남자친구가 생겨 그가 공연장에서 가장 감동하는 여자가 되는 모습을 상상하면서 하루 종일 심란해한다. 그럴 때면 그 래퍼가 감옥에 가길 바라지만, 그래도 나는 그 애를 감시하는 일을 멈출 수 없다. 왜냐하면 나는 그 애가 다른 사람들과 함께 있을 때 웃는 표정이나 비 오는 야외를 바라보며 소파에서 약간 침울한 듯한 표정을 짓고 있을 때 개한테서 시선을 뗄 수 없기 때문이다. 뭐라도 말을 붙이기 위해 "너 기분 안 좋아?" 하면 "아니 나 기분 안 좋지 않은데?" 하고 예의 무정한 표정을 짓는다. 그럴 때 그 애는 내가 아는 그 애같다.

누군가가 내게 그 애를 왜 좋아했냐고 물었을 때, 나는 그걸 물어본 사람이 아니라 애를 보면서 말했다. "예쁘고, 멋있고, 글도 잘 쓰잖아. 넌 작두 탄 것처럼 쓰잖아. 그래서 내가 너 좋아하잖아. 여자친구가 다섯 번 바뀌어도 내가 너 좋아하잖아."

우리가 다시 연인이 될 수는 없을 것이다. 그러든지 말든지 나는 걔한테 다가와 라이터를 빌려달라고 하는 사람을 약간 죽이고 싶고, 수많은 사람 중에 하필 걔를 프리허그하고 싶어 하는 인간들도 싫다. 세상은 지옥인데 걔 혼자 그 한가운데로 걸어 들어가게 되는 상황도 싫다. 나는 그런 식으로 그 애의 주변을 맴도는 사람들을 모욕하다 걔한테 한 소리 들은 적이 있다. 니 눈에는 다 그렇게 보이겠지. 난 정말 억울했다.

침대에 앉아서 얘기하다 걔가 누울 때, 나도 같이 엎어지고 싶었다. 걔가 옆으로 돌아 누워잘 때 걔의 등에 붙고 싶었다. 걔가 펍에서 다른 사람들을 향해 천진난만하게 웃을 때 아, '내가 저 표정을 참 좋아했지' 생각하느라 사람들이 어떤 이야기를 하는지 놓쳤다. 혼자서 저만치 앞서 걷는 그의 뒤를 따라 걷다가, "너에게 어울리는 사람은 나밖에 없어"라고 소리치고 싶기도 했다.

모두가 그를 원하고, 모두가 그의 곁에 있고 싶어 한다. 그의 옆에 앉은 모두가 그의 어깨에 손을 올리고 싶어 할 때 나는 혼자서 너무 화가 나서 자리를 박차고 나온다. 집에 돌아와 그가 읽었던 책을 읽기 시작한다. '도대체 걔가 사진 찍어서 인스타그램 스토리에 올린 부분이 어디지?' 하면서.

2부

감각들

여름의
상태

 6월이 되면 자연과 둘이 남겨진 듯한 기분을 느낀다. 숲에 기어 들어갈 필요도 없이, 바다에 찾아갈 필요도 없이, 그것들이 내 쪽으로 온다는 느낌이 든다. '무슨 소리야. 넌 분지에 살잖아. 2시간은 족히 달려야 바다가 나온다고.' 그래도 그렇게 느낀다. 아침에 일어나 베란다 문을 열고 숨을 들이마실 때, 그리고 내뱉을 때, 몸을 조금만 움직여도 땀이 나고 그 땀이 바람에 금방 마를 때, 오이와 참외, 수박 같은 것들이 주변에 넘쳐나고 늦은 밤이라도 일어나 부엌에 서서 그것들을 우적우적 씹어 먹고 만족하며 잠들 수 있을 때, 나의 몸에서 배어 나오는 땀 덕분에 내가 쥔 것들을 쉽게 놓치지 않고 또 나에게 들러붙은 것들을 쉽게 떠나보내지 않을 수 있다는 것을 무의식적으로 느낄 때 말이다. 그러면 나는 너그러워져서, "개도 부를까?" 하는 말에 "그래 개도 부르자" 하게 된다. 둘이 걷는 것보다는 셋이, 셋이 있는 것보다는 넷이 더 재미있다고 생각하게 된다. 여름은 그런 날씨를 연속으로 보내준다.

이렇게 더워 죽겠는데 다른 게 다 무슨 상관인가, 싶은 이상한 체념도 생기고 여행을 떠날 때는 여럿인 게 좋다는 생각도 든다. 바다에 가더라도 두 명은 수영을, 두 명은 식사 준비를, 또 한 사람은 방파제 위에서 멍하니 있는 풍경을 볼 수 있기 때문이다.

그럴 때는 아주 좋은 일이 생겼으면 한다. 되도록이면 4월이나 5월의 내가 상상도 못 했던 쪽으로. 뒤통수를 후려갈기는 듯한 충격으로…. 그런 것이 아니면 인생이 너무 길고 지루하기 때문이다. '이 시간에 이 사람이?' 싶은 전화여도 좋고, 길다가 돈을 줍는 것도 좋다. 하루 사이에도 무성해지는 풀들 사이를 걸으면서 아무 일도 벌어지지 않는 것만큼 참을 수 없는 일은 없다.

집에서
음악 듣기

　해마다 투스카나나 움브리아에서 여름휴가를 보낸다, 라고 쓰고 싶지만 나는 여름이 되면 베란다 문을 열고 아랫집에서 올라오는 라면 냄새를 맡거나 폐자전거 앞에서 담배를 태우는 사람의 연기 냄새를 맡는다. 그러고 나서 시작되는 음악 감상 시간. 컴퓨터로 음악을 약간 크게 틀어놓고 집안을 쏘다니며 듣는다.

　거실에서 부엌까지 분주하게 돌아다니는 동안 내 발바닥에서는 쩍쩍거리는 소리가 난다. 약속은 없다. 즐거울 일도 없다. 다만 신이 난다. 옹기종기 모여 사는 가난하고 어딘가 아픈 사람들과 함께 분리수거도 하고 엘리베이터도 공유한다. 엘리베이터는 7층에서 자꾸 멈춘다. 원성이 자자하다. 그래도 가끔은 아주 작은 강아지를 데리고 산책하는 노인들과 그 개를 밀대 같은 데 태워서 저 위 아파트까지 갔다 오는 사람들을 볼 수 있어서 좋다. 여름이 되면 나는 어디에도 가지 않는다. 내가 기다리는 것은 여름이기 때문이다.

그때 꽂힌 음악을 명곡이라고 생각하며 반복해서 듣다가, 연상된 다른 곡으로 이동, 이동, 이동해서… 결국에는 아주 슬픈 블루스로 끝나게 된다.

여름의 무엇을 기다리느냐 하면 단연 밤이다. 여름밤은 아무리 써도 닳아지지 않는다. 공용자전거를 빌려 타고 천변까지 갔다 돌아오는 사람도 전화 통화를 하며 계속해서 같은 길을 걷고 또 걷는 여학생이 있다. 습한 날씨가 싫다고 말하지만 정말은 습기가 좋은 거다. 내가 습기 속으로 걸어 들어가는 이유다.

호사

 일요일 아침이었다. 두껍게 썬 식빵을 배달시켜 아침으로 먹었다. 조금 정신이 들면 산책을 나가기로 했다. 거실에서 에어컨 바람을 쐬면서 보리차를 마시고 커피를 내렸다. 아무것도 해야 할 일이 없는 하루 종일을 내 마음대로 보내도 되는 그런 날이었다. 그건 친구도 마찬가지여서 나는 그 사실이 어제부터 좋던 참이었다.

 나는 그 집에 가면 거실의 2인용 소파에 몸을 구겨서 누워 있는 것을 좋아했다. 이 소파에서라면 까다로운 메일에 답장하는 일 같은 것을 가벼운 마음으로 시작할 수 있었고, 적당한 불편함 속에서 책도 잘 읽혔기 때문이다.

 베란다 창으로 보이는 바깥 풍경도, 언제든 고개를 들면

8차선 도로를 달리는 차들이나 개와 함께 다리를 건너는 사람들도 볼 수 있었다. 오전 11시에는 32도 정도가 된다. 정수리가 뜨거워지고 나가자마자 금방 등과 목덜미가 달궈지는 날씨다. 우리는 20분 정도 걷고 돌아왔다.

하품이 나오는 오후, 얼음을 가득 넣은 잔에 체리 사탕처럼 진한 향이 나는 차를 만들어주었다. 루피시아의 피콜로라고 했다. 투명한 장미잎 같은 색에 떫은맛이라곤 하나도 없는, 향긋하고 시원한 차였다. 나는 이럴 때 얼굴에 들러붙는 개털이 하나도 짜증스럽지 않고 뭔가 잘 살고 있다는 느낌이 든다. 그런 시간은 금방 지나가버리기 때문에 일지를 써두지 않으면 안 된다.

그리고 내가 정말로 익숙하게 여기는 순간은, 다시 혼자가 되었을 때 우연히 그 일지가 적힌 노트를 펼쳐보고 무척 세세하게 적힌 그 내용에 묘한 마음이 들면서, 정말 내가 이렇게 행복한 적이 있었는지 싶어 나에게 있었던 시간을 믿지 못하는 것이다. 완벽한 시간은 찰나일 뿐이고, 내가 보내는 대부분의 시간은 혼자서 그 지나간 시간을 추억하는 것으로 채워진다. '다시 혼자가 되었네. 아무것도 빼앗기지 않는 상태가 되었네. 오늘은 어디로 가볼까, 무엇을 먹을까.' 그런 정도의 생각을 하면서 말이다. 그 사람과 함께 먹었던 버터는 혼자 먹을 때 아주 느리게 줄어들고, 그렇게까지 맛있는지도 모르겠으며, 송광사에 가는 길은 멀기만 하다.

**여름에 대한
생각**

 여름은 권태를 즐기기에 좋은 계절이다. 내 머릿속에 떠오르는 것은 남쪽의 게으른 남자와 일찍 셔터를 내리고 평상에 앉아 해가 지는지도 모르고 낮잠을 자는 풍경에 대한 생각이다. 찌는 듯한 더위에 기대어 언제든 권태라는 낭만적인 상태로 도착할 수 있다.

 다들 그런 것을 좋아하지 않을까. 해수욕을 하고 나와 손에 묻은 물기를 티셔츠에 닦은 뒤, 모래사장 위에 뒤집어놨던 책을 다시 펴서, 햇빛이 너무 과하게, 혹은 너무 없는 채로 잘 보이지도 않는 글자를 읽어내리며 땡볕에서 고생스럽게 독서하는 일 말이다. 그럴 때 불어오는 건조한 바람에 몸에 남은 물기를 말리는 것 말이다. 그렇게 잘 모르겠는 자연과 잠시나마 만났다가 헤어지는 일 말이다. 그런 것이야말로 여름에 할 수 있는, '바깥에서 옷 갈아입기'와 같은 아주 거대하고 어리석고 천진난만한 자유가 아닌지…. 아무리 생각해도 앞니가 시린 겨울에는 도무지 그런 것 따위 할 수 없으니까 말이다.

카밤

 나에게 아이리시 카밤은 여름의 술이다. 처음 그 술을 마신 곳이 욜라탱고여서 그럴지도 모른다. 사시사철 열대과일이 맺혀 있을 것만 같은 그 공간에서는, 겨울에도 귀를 가득 메우는 베이스 소리와 사람들이 목청 높여 떠드는 소리가 섞이고 열심히 라임을 짜대는 직원들의 모습이 어우러져 어딘가 더운 나라에 온 듯한 착각이 들게 한다. 이 술집의 주인이자 친구인 성아에 따르면 카밤은 교통사고를 의미한다. 맛있다고 계속해서 먹어버리면 헤롱헤롱하다가 교통사고를 낼 수 있다고…. 나는 약간 미친 상태에 대한 환상이 있으면서도 아예 나를 버릴 만큼 대담하진 못하기 때문에, 술 정도로만 스스로를 망칠 수 있었다. 그런 나에게 달콤하고 시원하며 미칠 수도 있는 그

술은 대단히 반가운 것이었다.

아이리시 카밤은 흑맥주인 기네스에 부드러운 초콜릿 우유 맛이 나는 크림 리큐르를 빠뜨려 만든다. 맥주의 김이 빠지면 안 되기 때문에, 한 번 주문할 때 두 잔씩 나온다. 그러니 마주 앉아, 동시에 꿀꺽꿀꺽 마셔버릴 상대가 꼭 필요하다.

이토록 그 술에 깊은 인상이 있으면서도, 정작 마신 적은 한두 번이 안 된다. 오히려 의미 있게 느껴지기 때문에, 어떤 사람과 어떤 기분으로 마시고 싶은지 명확하고, 인생에 그런 순간은 몇 번 되지 않는다. 친구의 애인을 소개받을 때도 적절하지 않고(교통사고), 크리스마스에 연인들이 가득한 곳에서도 혼자 취객이 될 수 있으며, 처음 만난 사람과 마시기에도 좋지 않다. 그럴 때라면 천천히 취해가면서 대화를 나누기 좋아야 하는데, 카밤은 어느 순간 정신을 잃으니까. 순간적으로 술이 올라 후끈해지기 때문에, 카밤을 마실 때의 옷차림도 중요하다. 반팔이나 얇은 셔츠 차림으로 마시는 것이 좋다. 말하자면 혼자도 아니어야 하고 사랑에 빠진 상태도 아니어야 하며, 상대가 내 지갑을 털어갈 사람이 아니라는 확신도 있어야 한다.

얼마 전에는 일행과 함께 율라탱고에 몰려갔다. 성아가 큰 컵에 기네스 맥주를 부어주었다. 그 위에, 좁고 긴 잔을 빠뜨리고, 단숨에 끝까지 마신다. 처음에는 흑맥주의 부드러운 맛과 향이 나다가, 가라앉은 컵에서 풀려나온 술맛이 강하게 난다. 마지막에는 초콜릿 우유 맛의 술로 끝난다. 큰 시위 끝에 나라의 경사가 있고 난 밤이었다. 모두가 낮부터 기분이 좋아서, 모두가 모두를 봐줄 수도 있는 날이었다. 그날 꽉 찬 술집의 계산대 앞에 친구들과 옹기종기 서서 그 술을 얻어 마셨다. 사람들은 그곳을 제2의 광장이라고 불렀다.

그는 술과 음악과 세상 돌아가는 일에 관심이 많은 사람이고, 그런 사람들은 남의 멍청함을 웃음으로 만들 줄 안다. 그 능력은 우리가 술을 마실 때 반드시 어떤 순간에 느껴버리고 마는 쓸쓸함을 가시게 한다. 성아와 술을 마실 때 나는 "재미있는 얘기해주라" 하고 말하곤 하는데, "글쎄, 뭐가 있을까?" 하고 생각해보다가 "없는 것 같은데?" 하고 시시하게 끝나는 경우도 있지만, 혼자 생각했을 때는 별로 재미있는 이야기라고 여기지 않았던 것도, 술을 앞에 놓고 그와 이야기하면 재미있는 이야기가 되곤 한다. 점점 취해가는 사이에 사소한 것이 사건으로 둔갑하는 것인지도 모르지만 말이다. 멍청한 이야기도 좋은 술안주가 되니, 계절에 상관없이 아이리시 카밤을 먹어야 할 것 같다.

가히
여름의 물건

여름의 물건이라고 할 만한 것이 나에게 있나? 오래도록 사용하고, 주로 여름에 사용하며, 나의 정신이 깃들어 있다고도 할 만한 건 없는 것 같다. 너무 아끼는 것들은 하루만에도 잃어버리고, 차량용 휴대폰 거치대 같은 것은 6, 7년째 쓰고 있다. 맥북에어를 오랫동안 잃어버리지 않을 수 있는 것은 그것을 의식하지 않기 때문인지도 모른다.

대학생 때는 배드민턴 라켓을 들고 다녔다. 검은 테이프로 손잡이를 둘둘 말아놓았지만 너무 오래 잡아서 손바닥 모양으로 굴곡이 생겼던. 그걸 쥐고 있으면 팔뚝에 힘이 들어가고 점점 뻐근해지는데 그게 꼭 내 손의 연장처럼 자연스럽게 느껴졌다. 나는 그걸 학교에도 가지고 가고, 버스에도 가지고 타고, 친구 집에 갈 때도 혹시 칠 일이 있을지도 모르니 챙겨 갔다. 라켓을 들고 버스를 타고 가다가 버스 안에서 동창을 만났을 때 조금 당황스러웠다. 곧이어 그가 나에게 별 관심이 없다는 걸 알게 되었다. 그리고 그게 가장 힘들었다. 그러니까 차라리 배드민턴 라켓을 들고 있는 나를 보고 놀라주었으면…. 나에게 관심이 없는 걸 알게 되는 일은 너무 힘든 일이다.

해가 길어지는 계절에는 사람의 속을 훤히 들여다보기도, 내 속을 꺼내서 보여주고 싶게도 하는 것 같다. 대학생 때 나는 장 볼 의무가 없었음에도 무슨 바람이 불어서인지 택시를 타고 대형마트에 갔다. 레몬에이드, 채소, 냉동만두, 과자, 향신료 같은 것들을 사고 20리터 봉투에 가득 채워서 돌아왔다. 집에 도착해서 내가 한 생각은 이것이다. '집 앞에도 슈퍼가 있는데 왜 그렇게 멀리 가서 장을 봐왔지?' 봉투를 든 손바닥에 자국이 날 때까지 열심히 들고 왔어야 했던 이유는 찾지 못했지만, 땀을 뻘뻘 흘리며 그것들을 냉장고와 찬장 안에 가지런히 정리해두는 일이 좋았다. 그런 고생을 하고 싶었던 것 같다. 에어컨이 과하게 나오는 공간을 아주 많은 물건과 식품들에 둘러싸여 정신없이 돌아다니기.

낮이든 밤이든 없어서 아쉬운 것은 이어폰이다. 이어폰은 땡볕에서 10분 걸을 것을 20분 걷게 해주고, 밤에는 2시간도 거뜬히 걷게 된다. 나의 기능을 향상시키는…. 가끔 음악 들을 때 딱 1년만 아니 사흘만이라도 다시 대학생이 되고 싶다는 생각을 한다. 계절은 봄이나 여름, 가을이나 겨울이어도 좋고 사실 봄이나 여름이면 가장 좋겠지만 모두와 조금 친해졌을 무렵의 선선한 바람이 부는 가을이 제일일지도 모른다. 나는 2학년이나 3학년쯤 돼서 아는 것과 모르는 것이 적절히 섞여 있고 좋아하는 사람이 두 명쯤 돼서 어느 술자리에 가도 조금 설렐 수 있다. 버스를 타고 집에 돌아오는 길에 음악을 듣는 거다. 하지만 돈이 4000원밖에 없겠지. 그러니까 돌아가지 않는 게 낫겠다. 친구도 이해 안 되고 갑자기 너무 춥고 손엔 보라색 핏줄이 비칠 테니. 그래도 이어폰을 가지고 나와서 다행이라고 생각할 거다.

그만큼 중요한 것은 핸드폰. 창피한 노래와 자랑스러운 노래, 창피한 사진과 자랑하고 싶은 사진이 모두 들어 있는 핸드폰. 길가에 조금만 세워둬도 찌는 듯 더운 차 안에서 함께 뜨거워지는 동지이기도 하고, 중요하고 짜증 나는 연락들이 땀 묻은 핸드폰을 통해 오니까…. 더운 여름에는 생각지 못한

연락이 오기도 하니까. 그럴 때 나는 이렇게 생각한다. '드디어 내가 미쳤나? 날이 더워서 돌았나?'

옷장 안의
포부

트렁크팬티

영화 〈주노〉에는 마이클 세라가 나온다. 그러나 그가 이상할 만큼 바짝 올려 입은 반바지가 어딘가 뼈대부터 어색한 몸과 여름을 떠올리게 한다는 것은 부정할 수 없게 되었다. 나에게는 트렁크를 사는 취미가 있다. 잠옷이 따로 있기는 하지만, 편하게 자주 갈아입을 수 있는 것이 트렁크이기도 하고, 걸리적거리는 것 없이 간편하게 움직일 수도 있고, 무엇보다 색깔이 귀여운 것들이 있어서 옷가게에 들어가면 만만하게 살 수 있는 것이 그런 것들이기 때문이다. 갑자기 떠난 바다에서 그것만 입고 뛰어든 다음, 더러워지면 간단히 벗어버리기도 좋고.

티셔츠

그래픽티셔츠를 다들 잘 만들어내는 듯하지만 마음에 드는 티셔츠를 찾기는 어렵다. 나는 주로 친구 집에 갔다가 2년 정도 입어서 면이 약간 닳아버린 티셔츠를 갖고 싶어 한다. 작정하고 만들어낸 디자이너의 티셔츠도 좋긴 하지만 쓸데없이 팔꿈치까지 내려오는 티셔츠는 무겁게 느껴지고, 프린트스타 같은 무지 티셔츠에 기념품 용도로 카페에서나 개인이 만든 티셔츠를 입었을 때 생각보다 마음에 드는 경우가 많았다. 그들이 티셔츠를 만들 적에 티셔츠에 쏟아붓는 기운이 가벼운 즐거움 정도여서 그럴 수도 있다. 여름에 신으려고 분홍색 운동화를 사놓았는데 막상 신고 나가려고 하면 어쩐지 부끄러워서 흰색 운동화만 신게 된다.

반바지

여름옷으로 반바지를 빼놓을 수 없다. 개를 산책시킬 때도, 잠깐 집 앞에 나갈 때도, 친구를 만나러 집 근처 술집에 나갈 때도 그만큼 적절하게 느껴지는 것이 없다. 특유의 경쾌함과 몸을 반 정도 내놓았다는 가벼움, 날씨를 이만큼이나 더 느끼겠다는 포부. 얼마 전에는 친구가 신발을 신어보겠다며 편집숍에 데리고 갔다. 사이즈 잘 맞냐고 물었더니 작게 말했다. "응. 살 거야?" "아니." 그는 신발을 마음에 들어 했지만, 40만 원이나 주고 살 순 없다고 생각한 것 같았다. 나는 그동안 마음에 드는 반바지를 하나 찾았다. 물 빠진 하수구 색 반바지였다. 옷을 살 때면, '음 이건 동네 슈퍼에 갈 때 입으면 좋겠군' 하고 합리화하는데 그렇게까지 슈퍼에 자주 가지도 않으면서 왜 그런 이유를 대는 것인지 나조차도 모르겠다.

**여름
양파**

여름 양파는 달다. 참기름을 두른 쌈장에 찍어 먹으면 물이 터지면서 사과를 먹을 때처럼 상쾌한 기분을 느낄 수 있다. 양파가 햇양파일 때 짜장면을 시켜 먹어야겠다고 생각했다. 정말로 양파가 나에게 좋은 느낌을 주는 것은 그 맛만이 아니다. 식사를 스스로 책임지는 진정한 어른이 되었구나, 하는 느낌을 함께 준다. 과자나 아이스크림을 살 때는 느낄 수 없는….

여름이 좋은 점은 가지와 오이가 싸다는 것이다. 여름 아닐 때 오이가 먹고 싶었는데 너무 비쌌다. 수분을 가득 머금은 툭툭 부러지는 오이를 살 수 있었고 가지도 두 개에 1600원이었다. 가지를 찌는 게 귀찮아서 굽기로 했다. 양념을 하는 것도 귀찮지만 반찬가게를 창업했다고 생각하면서 만들면 괜찮다. 아니면 일단 구운 뒤 간장만 뿌리자, 하고 나를 속이고는 일어난 김에 간장에 다진마늘도 넣고 고춧가루도 넣고 설탕도 넣읍시다, 하면 얼추 완성된다. 그런 식으로 반찬을 한두 개 만들어서 밥상을 차리면 된다. 그렇게 해서 한 끼를 해결하고 나면, 내 손으로 나를 배부르고 건강하게 먹였다는 실감이 난다.

내가 이야기하는 건 진주 같은 색을 띤 양파지만, 우연히 음식 안에 든 보라색 양파를 만나는 것도 반가운 일이다. 특히 푸드코트에서 파는 카레 국수 위에 생으로 올라간 보라색 양파를 먹는다면…. 바쁜 가게에서는 양파나 라임, 고춧가루를 마음껏 가져갈 수 있게 테이블 위에 올려놓는데, 약간 너무한가 싶을 정도로 매번 많은 양의 양파를 그릇 위에 올렸다. 한 젓가락을 떴을 때 면만 많이 올라올 때도 양파는 도움이 되고, 국물이 갑자기 느끼하거나 달게 느껴질 때도 좋다. 그럴 때면 어른이 되어서 양파를 씹고 있구나, 이사한 친구 집에서 짜장면을 먹고 있구나, 이사도 식사도 다 내 손으로 할 수 있구나, 하는 생각이 든다.

수박

 수박은 여름 내내 먹을 수 있는 과일이 아니다. 6월이 지나기 전에 먹는 초여름의 한국 수박이 가장 맛있다. 본격적인 장마가 시작되기 전에…. 나는 아직 내 손으로 그런 맛있는 수박을 골라본 적이 없는 것 같다. 보통 엄마 집에 갔을 때 얻어먹었다. 엄마는 큰 칼로 한 방에 수박을 쪼개서 잘랐다. 너무 빨간 것은 무섭기도 하고 어쩐지 너무 익은 것 같은 느낌이라 좋지 않다. 연한 분홍색을 띠면서 씹었을 때 기포 같은 것이 보이는 정도가 좋다. 가벼운 단맛이라서 몇 조각이라도 거뜬히 먹을 수 있을 것 같은 초여름의 맛.
 치앙마이에서 나는 특정 쇼핑몰의 수박을 고집했다. 네모나고 길게 자른 수박이 네모난 통에 빈틈없이 들어 있었다. 흰

부분이 없고 바닥에 물도 고여 있지 않았다. 다른 슈퍼에서도 수박을 팔았지만, 모양이 세모였다. 나는 내가 좋아하는 맛이 네모에서 나오기라도 한다는 듯 집착했는데, 생각해보면 그쪽이 더 질깃질깃하고 밀도 있었던 것 같다. 파삭하고 부서지는 사과처럼 기분 나쁜 것은 무른 수박이다.

나와 친구는 사과를 종류별로 사놓고 이 사과는 육질이 단단하고 체리향이 난다는 둥, 이 사과를 먹느니 한국 가서 부사를 사 먹는 게 나을 것 같다는 둥, 이 사과는 엄청 여러 맛이 나서 평소에 사과를 먹을 때 느끼는 지겨움이 없다는 둥 품평했다. 그렇게 한가롭게 사과 하나를 가지고 떠드는 게 여행자의 특권인 것 같았다.

엄마 말대로 수박은 한여름이 시작되기 전이 가장 맛있는 것 같다. 파삭파삭하고 물이 터지는 시원한 단맛은 그만한 게 없는 듯하다. 엄마 집에 갔다가 생각지 않게 얻어먹은 수박. 큰 칼로 반을 가르고 이걸 다 누가 먹어, 할 만큼 쟁반 가득 썰어서 쓰러진 그 수박을 집어서 아무 생각 없이 씹어먹는 일의 달콤함. 어떤 할 일도 없고 책임져야 할 것도 없는, 수박껍질 갖다버릴 일도 없는 그 편안한 상태에서 수박을 얻어먹는다는 점이 특히 달고 시원했다.

여름
오이

계절이 바뀐 것은 반찬으로 알 수 있다. 엄마는 주로 조카에게 가지를 맛있게 무쳐주겠다거나, 언니에게 오이소박이를 만들어서 냉장고에 넣어두었으니 잊지 말고 꺼내먹으라는 말을 한다. 그러면 나는 그때를 놓치지 않고, 나 줄 것도 있느냐고 묻는다. 내 몫으로는 아주 적은 양의 오이소박이가 주어진다.

정확히 몇 도인지는 모르겠지만, 실제 온도보다 시원하게 느껴지는 것은 분명하다. 아마 엄마 앞에서 시원하다고 말하면 이렇게 말해줄 것이다. "마늘을 많이 넣어서 그래"라고. 모든 것은 양념맛이라고…. 레시피를 알고 싶은 것은 아니고 그저 이렇게 종종 반찬이 공짜로 주어지는 행운이 있었으면 좋겠다. 반찬가게에서 한 팩에 9000원 정도로 오이소박이를 살 수는 있지만, 이렇게 부추가 많이 들어가고, 담근 지 얼마 안 됐을 때는 신선한 맛을, 김치냉장고에 사흘 정도 보관했을 때는 그보다 오독오독하게 씹히는 맛을 주는 오이소박이는 오로지 대전 서남부에 살고 있는 그의 손에서 태어나기 때문이다. 어쩌면 내가 너무 오랫동안 그의 손맛에 길들여져서 일 수도 있겠지만….

반찬을 받아온 날이면 나는 금방 배가 고파진다. 저녁을 먹고 누워 있어도, 내일은 어떤 음식에 오이소박이를 곁들일지 고민하게 되고, 영화 〈아가씨〉에서 아가씨가 누우면 ○○의 얼굴을 떠올리듯이, 나도 반찬통 안에 가지런히 숨 쉬고 있는, 십자 모양이 난 그 오이들을 떠올리게 되는 거다.

가족의 집에서 나와 혼자 살게 된 뒤로는 가지가 제철 채소가 되어 전보다 싸게 팔리고 있어도, 선뜻 사지 않고, 사게 되더라도 자취 음식 스타일이 되어버린다. 참기름과 다진마늘을 듬뿍 넣은 먹음직스러운 반찬이 되는 게 아니라, 전자레인지에서 엉성하게 쪄서 물이 줄줄 흐르는, 그 위에 양조간장을 끼얹어서 먹는, 형편없는 가지를 먹게 된다. 오이도 마찬가지인데, 오이김치를 담글 엄두는 나지 않지만 오이는 먹고 싶어서, 주로 내가 쓰는 방법은 구운 식빵에 마요네즈를 바르고, 얇게 썬 오이를 얹어 후추를 뿌려 먹는 것이다. 하지만 그런다고 해서 여름에 먹는 오이소박이나 가지나물이 채워주는 영역을 그것들이 완벽히 채워주는 것은 물론 아니다. 일주일에 라면을 일곱 번 먹게 하고 그걸로도 모자라 밥까지 넣어 먹게 하는, 어금니가 시릴 정도로 시원한 오이소박이와 무언가 아주 몸이 좋아할 짓을 하고 있다고 느껴지는, 정성이 가득 들어간 보라색 가지나물을 밥보다 더 많이 떠서 먹는 행동을 하지 않으면 내가 원하는 여름은 아직 먼 것이다.

1954년의
여름

초저녁에 이불을 펴고 누워 있자니 옛날 생각이 난다. 옛날이라고 해봐야 15년 전쯤이고, 옛날 생각이라고 하면 매번 같은 학창 시절을 생각한다. 특별히 호시절도 아니었는데 왜인지 모를 일이다. 베란다 문틈으로 찬바람이 느껴졌는데, 그게 문득 급식실에서 저녁을 먹고 운동장을 가로질러 교실이 있는 건물까지 가는 길을 생각나게 한 것이다.

하늘이 어둡고 파란 것도 좋고, 쌀쌀한 공기를 들이마시는 느낌도 좋다. 시기로는 하복에서 춘추복으로 바뀔 무렵. 다시는 고등학교에 돌아갈 리 없고, 18세의 신체를 가질 리도 없는 지금에 와서 그때를 생각하고 있으면 그때의 내가 굉장한 시기를 보냈다는 생각이 든다.

저녁을 먹은 뒤 운동장에서 불어오는 신선한 공기만으로도 바이킹이 올라가는 것처럼 설레고 무언가 일어날 것만 같은 기분을 느꼈다. 삶에서 그런 상태는 자주 오지 않으며 어쩌면 그런 기분 같은 것은 바이킹을 탈 때에도 느낄 수 없다는 것을 33세의 나는 점차 알아가고 있는 것이다. 일찍 일어나는 것은 싫지만 정신을 차린 뒤 바스락거리는 와이셔츠를 입고 그 위에 줄이 달린 가벼운 넥타이를 매고 봉고차를 타고 등교하는 일이 이제 와서는 낭만으로 느껴진다.

실제로도 많은 일이 있었다. 인기 많은 3학년 선배가 급식실로 들어와 놓고 간 물건을 찾는 모습을 한참이나 쳐다보다가 목이 돌아갈 뻔했고, 동아리에 후배들을 영입하기 위해 교실을 돌아다니던 또다른 선배를 보고 그다음 날부터 고등학교 3학년이란 무엇일까 생각했다. 수업 시간이 50분, 쉬는 시간이 10분으로 정해져 있고, 점심시간과 저녁 시간이면 낯설지만 좋은 다른 반 아이와 스쳐 지나갈 수 있다는 확실함이 나의 학교생활에 소소한 즐거움이 되어주었던 것 같다.

아무래도 그 여름밤 학교 운동장을 거닐며 느꼈던 멜랑콜리의 정체를 모르겠어서, 이불 속에 자리를 잡고 '1954년의 여름'이라고 검색해보았다. 그 글은 1954년 여름에, 로 시작하는 위키피디아적인 글이었다. 이미지도 함께였는데 1954년 여름 서울 팔당호 주변의 산비탈로, 여름의 농가 풍경이 담겨 있었다. 소박하고 생활감 넘치는 묘사도 함께였는데, 그런 것을 보면 여름이라는 가상의 이미지야말로 아름답다는 생각이 든다. 벌레와 음식물쓰레기 냄새가 들끓는 진짜 여름 말고. 흰색, 하늘색, 연노란색…. 배경이 트리니티든 서울이든 할 것 없이 여름의 생활상이 나와 있다면 좋다.

'1954년 여름에 일어난 일은 다음과 같습니다. 7월 4일, 1954 FIFA 월드컵 스위스 결승전에서 서독이 헝가리 인민공화국에 3 대 2로 승리했습니다.'

1954년에는 토베 얀손의 무민 연작소설인 《위험한 여름》이 발표되었다. 정말로 그렇다. 여름은 위험하다. 계곡에서 발을 헛디디지 않아도, 밟고 올라올 두 번째 바위가 보이지 않는 상황에 누군가가 손을 내밀어주더라도 그렇다.

나는 누워서 크런키 소금바닐라맛을 먹었다. 내가 혼자 마트에 다녀왔다면 절대로 사지 않았을 것이다. 초콜릿과 소금이라니. 혀에 페인트를 쏟은 것처럼 끈덕하게 녹는 맛이었다.

타인들과 모인 데서 느껴지는 기본적인 긴장감, 누군가

의 호의, 그것에 대해 생각하는 50분…. 아마도 그런 것이 섞여 있는 맛이었을 것이다. 초콜릿과 소금. 초콜릿이 소금을 부추기고, 소금이 초콜릿을 부추겨서… 여름에서 가을로 넘어가는, 사람이 아주 많은 고독한 학교에서 어디서 불어오는지도 모를 바람을 맞으면서 나는 조용히 설레고 있었던 것이다. 불안해서 설레고, 설레서 불안한 마음으로.

여름에 음식을 먹는
한 가지 방법

여름에 모든 음식을 먹는 방법은 대충 먹는 것이다. 어린 시절 놀이와 놀이 사이에 먹었던 것처럼, 놀듯이. 약간 정신을 빼놓고…. 과자의 경우에는 이렇다. 초코파이든 오예스든 가짜 맛이란 걸 알지만, 그 가짜 맛을 좀 더 진짜처럼 느끼는 방법은 열에 녹이는 거다. 얼려서 먹는 게 맛있다고 하는 사람들도 있지만 나에게는 그 가짜 초코가 헝겊을 먹는 것처럼 느껴진다. 그러니까 조금이라도 녹여서, 혀에 달라붙는 가짜 초코가 진짜처럼 느껴져야 하는데, 그러기에는 열이 필요하고, 여름 낮에 책상 위에 올려둔 초코파이 하나 정도가 들척지근하게 딱 좋은 간식이 되는 것이다. 나는 철없이 봉지 과자를 들고 다니며 길에서 먹는 것도 좋아한다. 왠지 얼빠져 보이고, 길가는 어린아이들이 주목하며, 그러면 나도 어딘가 지나온 세계로 다시 들어가는 느낌이 들기 때문이다. 손가락에 시즈닝을 묻힌 채로 돌아다니는 기분이라니. 그럴 때는 마음대로 놀이터 벤치에 앉아도 될 것 같고, 주저앉아서 길가의 개미를 들여다봐도 될 것 같고, 아무도 안 보는 아파트 공지사항을 처음 글자 배우는 사람처럼 열심히 읽어도 될 것 같다.

    겨울에 여름을 느끼려고 놀러 간 오키나와에서는 타코를 먹었다. 웬 타코? 그 가게가 눈에 들어온 건 메뉴 때문이 아니라 차양과 끝내주게 어울리는 빨간 꽃들이 무성했기 때문이다. 그 밑에 둔 파라솔에 앉아서 술 한 잔을 빠르게 마시고 일어나려 했던 거다. 갖고 있던 동전을 다 털어 술을 주문했다. 기이할 정도로 만개한 꽃이 우리 머리 위에, 가게 위에 드리워져 있었다. 술을 섞은 커피 한 잔을 뜨겁게 나눠 먹었다. 퇴근한 직장인 몇 명이 가게에 왔고, 가게 앞에 서서 나초와 타코를 주문했다. 좁은 가게 안쪽에서 사장이 분주하게 움직였다. 프라이팬도 흔들고, 아보카도도 으깨고, 레몬도 짰다. 나는 그 냄새에 홀려 똑같은 것을 주문했다. 얇고 바삭한 타코와 방금 만든 과카몰리, 나오자마자 먹어서 어떻게 생겼었는지도 모를 타코가 있었다. 한국말이 안 들리는 거리에서 세상의 마지막 음식을 먹듯이 감탄하며 먹은 한국인 셋은, 맛있는 간식에 놀란 뒤 다시 목적지를 향해 걸어갔다. 비에 젖은 거리를 설렁설렁 걸어서 술집에 갔다. 양반다리를 하고 배를 내밀고 방탕하게 먹었다. 그러고 있으니 아직 열기와 습기가 부족해도 비로소 여름 나라에 온 것 같았다.

최고의
바닐라슈 찾기

어릴 때 내가 살던 집 앞에는 작은 슈퍼가 있었다. 그 주변 아파트 주민들은 거의 다 거기서 담배나 맥주를 샀다. 나는 가끔 가서 빵을 사 먹었다. 국진이빵이었는데, 가끔 돈 없이 가서 외상으로 사 먹기도 했다. 엄마가 나중에 가서 준다고 했는데 진짜 줬는지는 모르겠다. 빵을 좋아해서 먹은 것도 아니었고, 생각해보면 물기 없는 퍽퍽한 빵이었는데, 안에 꿀이 들어 있는 빵을 하나씩 먹다 보면 배뿐만 아니라 다른 곳도 조금씩 차오르는 듯한 느낌을 좋아했던 것 같다. 빵이 먹고 싶어서가 아니라, 빵처럼 가끔 목이 막히고 확실하게 배가 부른 무언가가 필요했다.

하루는 바닐라슈가 먹고 싶어졌다. 하필이면 성심당에서

파는 바닐라슈가. 그래서 대전 전역을 돌았다.

성심당은 대전에 세 곳 있다. 은행동에 커다랗게 하나, 대전역에 작게 하나, 롯데백화점에 또 크게 하나. 나는 그중에 가장 사람이 없을 것 같은 곳으로 갔다. 계산을 하자마자 하나를 집어 먹었다. 빵이 축축해서 슬펐다. 하지만 나는 생각했다. 최고의 바닐라슈를 가르는 것은 다름 아닌 크림이다. 바닐라 향이 가득 나는, 그래서 숨을 쉴 때마다 은은한 달콤한 냄새가 퍼지는.

서울에 사는 영진은 여름 음식이라고 하면 바닐라슈를 떠올린다. 학원 끝나고 맨날 맨날 1층 빵집에서 파는 바닐라슈를 사 먹었던 영진. "학원 끝나고 매일 먹고 싶은 음식이 있으면 너무 좋지." 그걸 먹을 수 있다는 생각으로 학원을 참게 되기 때문이다.

가끔 어떤 것에 꽂혀서 그걸 찾아다닐 때가 있다. 그때는 바닐라슈였다. 바닐라맛에는 어린 시절을 떠올리게 하는 성분이 들어 있다. 내가 지금 원하는 것을 구해서 먹을 수 있다는 데서 오는 자긍심이나 안도감과 더 연결되는 감각일지도 모르지만. 이유는 없다. 지나고 보면 반드시 바닐라슈여야 할 필요도 없다. 어떤 것을 강하게 원하는 마음, 그리고 그걸 충족시

키기 위해 여기저기 돌아다니는 행위. 인간은 그런 이상한 마음을 동력 삼아 여기서 저기로, 저기서 여기로 끊임없이 옮겨 다니는 게 아닌가.

맥도날드
아이스크림

맥도날드 소프트아이스크림이 사라진다면 슬플 것 같다. 추억이 사라지는 그런 종류의 슬픔이라기보다는 그것을 먹지 못한다는 데서 오는 슬픔. 그건 바닐라맛으로 설명할 수 있지만 다른 바닐라 아이스크림의 어디서도 찾을 수 없는 바닐라 냄새의 정수가 있기 때문이다. 어쩌면 바닐라맛보다도 바닐라를 닮은 그 질감과 외형, 바닐라의 자리를 제치고 들어온 바닐라의 제왕이기 때문일 것이다. 그것은 아무리 먹어도 하얗고 부드럽고 달콤하고 냉상고 맛도 나지 않고 양도 그리 많지 않기 때문에 질리는 법이 없다. 시원하고 기름진 공간에서 줄을 서서 받기만 하면 된다. 웬만하면 그것을 못 먹는 시간은 없다. 그렇기 때문에 나는 주로 새벽에 그것을 먹던 날이 떠오른다. 주변 가게가 다 닫혀 있고 취한 사람들만 있는 거리 한복판에 현대적으로 바닐라맛을 팔았던 기억. 과자가 부서질까 봐 살살 쥐었던 느낌과 밤바람이 앞머리를 쓸고 가는 부드러운 밤. 도로에 간간이 들려오는 차 소리와 조용한 전화기.

여름의
설탕

심심한 사람의 실험

심심해서 싸움 구경이라도 하고 싶었다. 오늘은 산책을 하루에 두 번이나 나갔다. 나도 방울토마토와 화이트와인, 설탕을 사다가 토마토절임을 만드느라 하루를 다 보낸 날이 있었다. 짧은 바지와 소매가 짧은 옷을 입고 티셔츠에 국물을 튀기며 십자 칼집을 낸 방울토마토를 데치고, 껍질을 깠다. 토마토절임은 노력에 비해 금세 없어졌다.

설탕은 순간적인 위로를 준다. 삶의 좋은 순간은 그 단맛처럼 짧고 강렬하다. 나는 단 것을 계속해서 찾아다닌다. 그런 뒤에 오는 끈적함까지 감당해야 한다.

잼과 크래커

인간에게는 살면서 한 번쯤 가스 불을 낭비하고 싶어지는 때가 오는 것일까? 생물의 냄새를 맡고 주무르고 싶은. 강불로 끓이기 시작한 플럼코트잼은…. 뛰어들고 싶을 만큼 달았다. 설탕을 졸이는 냄새에 새콤달콤하고 큼직하게 잘린 과육이 끓는 냄새였다. 크래커 한 봉지를 들고 냄비 앞에 서서 남은 걸 긁어 먹었다. 크래커는 고소하고 잼은 달았다. 시기도 했지만 하여튼 달았다. 설탕의 분명하고 직선적인 단맛을 대신할 것은 없는 것 같았다. 건강 앱을 켜서 확인했다. 오늘은 1000보밖에 걷지 않았다. 지금 나가도 좋지만 거리에 불이 다 꺼져 있어서 심심할 것 같다. 장도 다 봐놓아서 편의점을 향해 걷는 것도 내키지 않는다.

잼이 끓는 사이 설거지를 하는 뿌듯함

설탕에 졸이면 모든 것이 맛있어지기 때문에, 나는 오늘 달력에 '복숭아 졸이기'를 써놓은 것이다. 복숭아를 새로 하나 깎을 때마다, 이 녀석은 맛있을지도 모른다고 생각하며 한 입씩 먹어보았지만, 최고의 복숭아는 한 개도 없었다. 나는 미련 없이 그것들을 냄비에 넣은 뒤 설탕을 부었다. 잼이 끓는 사이

설거지를 하면 시간이 맞을 것 같았다. 부엌에 설탕 단내가 가득했다.

    어렸을 때 엄마는 집에서 종종 포도주를 만들었다. 빨간 대야에 포도를 수북하게 쌓아놓고 들어가 밟았다. 으깬 포도 위에 백설탕을 뿌려서 통에 담으면 포도주가 되었다. 두고두고 먹을 것을 만들면서 생겨나는 시공간의 느낌이 따로 있는 것 같다. 그러고 있을 때는 햇빛도 부드러운 것 같고, 적당히 몸을 움직이면서 생기는 활기가 오후를 오후답게 만들어주는 것 같다. 단맛을 느끼는 것도 좋지만 단맛을 만들어내는 쪽도 좋다. 단맛을 생산하기. 설탕에 시간을 더하고 가두기. 허무하고 아무것도 일어나지 않는 날들에 사건을 만들기.

소나기

 여름에는 숨이 턱턱 막힌다. 어릴 때는 그런 느낌이 여름이라고도 생각했던 것 같다. 흙바닥에서의 뜀박질, 학교 복도에서의 추격전, 그것을 끝내고 자리에 앉았을 때 후끈하게 피부에 올라오는 열기와 시간이 지나면서 그만큼 시원해지는 감각 같은 것 말이다. 이제는 어릴 때만큼 잘 뛰지 않으니 온몸으로 여름을 느낄 일이 잘 없다. 나는 한여름의 더위와 습기가 최고조에 달한 오후 느닷없이 쏟아지는 비를 좋아했다.

 하루는 마트에서 산 와인을 마시려고 공원에 자리를 잡았는데, 엉덩이를 붙이자마자 머리 위로 미지근한 빗방울이 떨어져서, 동물의 침일까 생각했다. 나는 그냥 모르는 척하고 하던 걸 계속하려고 했는데, 점점 속도가 붙더니 어깨를 흠뻑 적실 정도가 되었다. 나와 일행은 굵은 빗방울을 맞으며 우선 보이는 구조물에 몸을 숨겼다. 그리고 서로의 꼴이 얼마나 우스운지 비웃었다. "이제 어떻게 하지?" 우리가 숨은 곳 위로는 도시를 한눈에 내려다볼 수 있게 꾸며놓은 전망대가 있었고, 나무 천장 위로 빗방울 떨어지는 소리가 들렸다. 바람이 불 때마다 물기가 마르며 체온을 빼앗기는 밤이었다.

나는 끈적해진 손을 바지춤에 닦으며 다시 시작하자고 했다. 술로 몸을 덥힌 다음 쏟아지는 비를 맞으면 좋을 것 같았다. 그런데 일행이 곧 그칠 것 같으니 지금 맞자고 했다. 우리는 다시 밖으로 나왔다. 차라리 비를 맞을 때가 더 따뜻한 것 같기도 했다. 공원에는 아무도 없었고, 우리는 빙글빙글 돌며 비를 맞았다. "집에는 어떻게 가지? 다 말리고 가야 할 것 같은데, 택시도 안 태워줄 것 같은데?" 내일이 없는 천덕꾸러기가 된 기분에, 젖은 김에 하려던 것을 다 했다. 물에 젖은 잔디 위에 앉기…. 혼자서는 비를 맞을 일도 없고, 비 맞는 채로 그대로 있을 일은 더 없으니까. 이런 것이야말로 기억할 일이 아닌지.

고등학교의
여름

 여름은 가끔 춥다. 비 오는 날 학교에서 그런 것을 느껴보았다. 음악 시간이 시작되기 전의 음악실이 그랬고, 체육 시간이 시작된 뒤의 등나무 아래가 그랬다. 음악 선생님은 리코더에서 침을 터는 아이들을 혐오했다. 그럴 만하다. 선생님은 음악실에서 사는데 거기 사방에 침이 튄다고 생각하면….

 내가 다닌 고등학교에는 나의 마음을 들뜨게 하고 긴장하게 하는 선배도 있었다. 그 선배가 자신이 속한 동아리를 홍보하기 위해 내가 있는 층에 오거나, 마주칠 거라고 예상하지 못한 시간에 교문 앞이나 계단에서 나타나면 나는 못 볼 것을 봤다는 듯이 놀라곤 했다. 앞으로 가는 중이었는데 갑자기 멈춰

서거나, 계단을 내려가야 하는데 갑자기 올라가거나 하는 식으로 굳어버렸다. 지금 생각하면 사람의 아주 작은 부분에도 쉽게 반하고, 아주 오랜 시간 그 환상을 유지하는 능력은 귀한 것이란 생각이 든다. 그 선배를 볼 수 있다고 생각하면 아침에 눈이 잘 뜨였다.

밥을 먹은 뒤 학교 건물을 한 바퀴 천천히 걷는 애들, 빌려준 교과서나 체육복을 받으러 다른 반 교실에 가는 애들, 한쪽에서 춤연습을 하는 애들 사이에서 가슴 설레는 나…. 벤치에 앉아 하늘을 올려다보거나 밤공기를 맡는 아이들은 생각보다 별로 없었다. 하지만 속으로는 모두 어디론가 가고 싶어 했다. 저녁 시간에 급식을 먹는 대신 가까운 친구의 집으로 가서 라면을 먹고 돌아온다거나, 학원을 다닌다고 거짓말하고 자습 시간에 빠지거나, 그것도 아니면 몰래 화장실에 숨어 들어가 거울 앞에 서서 수다도 떨고, 다리도 떨었던 것이다. 10분 거리의 편의점까지 걸어가 커피 우유를 사 마시고, 옆구리 터진 김밥이라는 이름의 분식집에 가서 마요네즈를 잔뜩 뿌린 김밥을 먹고. 치마가 돌아간 것도 모른 채로 저녁 내내 동네를 걷다가 다시 교실 내 자리로 돌아와 앉았을 때의 기분. 그때의 멍청한 아름다움을 다시 겪을 수는 없을 것이다.

**여름
바람**

 여름 바람은 무책임함과 어울린다. 그러니까 사람들이 그렇게나 많이 노천에 나와 있는 것이다. 집에 안 가고 하루에 커피를 두세 잔씩 마시면서 밖에 있는 것이다. 너무 덥다가 하늘이 흐려지다가 공기가 너무 무거웠다가 비가 쏟아진다. 땅에서 고소한 냄새가 올라온다. 아무리 향긋한 걸 바르고 샤워하고 나왔어도 한순간 동물이 돼버리는 냄새가 난다.
 수영 끝나고 불어오는 바람, 물놀이 후에 맞는 바람은 몸으로 계절을 느끼는 가장 본질적이고 본능적인 방법이다. 어릴 때는 예고 없이 그런 시간을 보내곤 했다. 물이 떨어지는 수영가방을 테이블에 올려두고 캔에 든 포카리스웨트 마시기.

바다에서는 종아리에 붙은 따가운 모래들이 건조해질 때까지 있기. 그러는 동안 긴장했던 근육이 풀리고 세포 사이사이에 부드러운 바람이 불어오는 것 같다.

좀 크고 나서는 바람을 이렇게 느낄 때가 많다. 술 마시고 길거리 돌아다니는 때의 끈적함, 길거리에 앉을 때의 나 몰라라… 어제는 합정에서 홍대입구역까지 걸었다. 사람이 무척 많았다. 오래간만에 큰 건물과 큰길을 걷다 갈 생각이었는데, 일행과 헤어지고 나니 걷는 게 신나지 않았다. 근처에 오니 생각나는 사람이 있었고, 메세지를 보낼까 하다 불러내면 뭐해, 술이나 먹겠지 싶어 그냥 반대 방향으로 걸었다. 솔직히 말해 안 나온다고 하면 외로워질 것 같았다. 아이스크림을 사 먹고 집에 왔다. 이제는 아무 일이 일어나지 않는 밤도 그런대로 견딜 수 있고, 마음에 드는 아이스크림을 먹는 것 정도로도 그 시간을 보낼 수 있다. 외로움은 해결하려고 들지만 않으면 괴롭지 않다.

도피처

 태국은 확실히 여름의 도피처가 아니다. 그런데 어째서 나는 여름을 생각하면 치앙마이나 방콕에 관해 반드시 이야기하고 싶어지는 것일까. 우연한 계기로 친구들과 끄라비에 갔을 때, 그곳은 길에 개가 많아서 위험하게 느껴졌다. 하지만 시간이 지날수록 그 개들은 단지 더워하고 있을 뿐이라는 생각이 들었고, 그다음에는 편의점에서 물과 밥을 사서 개들에게 주게 되었다.

 손을 닦은 지 얼마 안 되었는데 손이 금방 더러워졌으며, 어디 가만히 앉아 이국적인 풍경을 즐기는 일 따위는 소음과 벌레 때문에 쉽지 않았다. 그곳에 정을 붙인 건 한 술집을 알게 되면서부터다. 나는 거기서 일하는 사람을 좋아했는데, 심드렁한 표정으로 햄버거를 만들고 있다는 점이, 그리고 그렇게 흙바닥에서 철제 선반 하나를 두고 이리저리 조리하는데도 나오는 음식은 완벽하게 맛있는 치즈버거라는 점이 그와 그 술집에 대한 나의 사랑을 더욱 증폭시켰다. 가게 직원들은 서로 친한 것 같았다. 일하지 않을 때도 가게에 앉아 간식을 먹고, 한쪽에서는 기계를 조립하고, 영업 중에 영업 준비를 했다. 그것이 내가 여행지에서, 혹은 일상적으로 보기를 원하는 마음 편한 풍경이라는 것도 알게 되었다. 나는 그곳에 매력을 느껴, 낮에 슈퍼에 갈 때에도, 바나나를 사러 걸어 나갈 때도 그쪽을 돌아보며 문을 열었는지, 문을 열 건지 그런 것을 유심히 확인하곤 했다. 이런 술집이 있는 끄라비라니. 이런 인간들이 매일같이 슬리퍼를 신고 오토바이로 식재료를 나르고, 불쇼를 하고, 그걸로 먹고 살고 있다니.

숙소 수영장에서 놀고 있을 때도 그쪽에서 음악 소리가 나면, 오늘 그 술집에 갈 계획이 없는데도 점점 심장이 뛰었다. 내가 잘 모른다는 사실만으로 이 색색깔의 동네에서 살아가는 매력적인 젊은이에 대한 환상도 생겨버렸다. 나는 그와 인스타그램 친구가 되었다. 나는 매일같이 올라오는 그의 스토리를 빠짐없이 보는 신세가 되었는데, 다행히 그는 아직 나를 차단하지 않았다. 그는 가끔 집 안 사진이나 풍경, 그날의 일기를 올린다. 늘 필터를 사용한 셀카를 올리고, 자기가 먹은 음식 사진과 자기가 봉사활동에서 만난 어린이들의 사진을 올린다.

얼마나 떨어져 있는지 감도 안 오는 추운 한국 땅에서 그가 필터를 입혀 올리는 끄라비의 동네 풍경과, 나도 지나가 본 적 있는 아오낭의 거리 풍경을 보면, 볶음밥 하나를 줄 때도 상추에 오이를 올려서 주는 그 밥그릇을 볼 때면 내가 여행지에서 경험한 것들이 지금도 거기서 여전히 일어나고 있다는 것에 이상한 안도감이 든다. 내가 완전히 그곳에 소속되지 않았다는 점과 내가 그들의 생활을 아주 일부만 안다는 사실, 그러니까 해 질 녘에 오토바이를 타고 논밭 길을 왔다 갔다 하면서 펜션과 마트 정도를 기억하는 상태에서 이 기쁨을 느끼기 때문에, 이곳은 나에게 며칠간의 도피처로서만 남을 뿐이다. 그런데 가끔 나의 인스타그램 친구가 내가 절대 갈 수 없는 평일 밤에 끄라비에서 하는 친구의 공연 영상을 찍어 올리면, 당장에 날아가 그곳에 있고 싶다는 생각을 한다. 모기약과 향 냄새가 나는 뜨거운 밤에 있고 싶다고.

**여름에
내가 반한 것**

여름밤에는 위험할 정도의 생기가 있다. 나는 나를 긴장하게 하는 것에 관해 쓴다. 여름에 나를 매혹한 것이라면 역시 땅바닥? 지열이 느껴지는 아스팔트? 내가 어디에서 왔는지 알려주는 흙냄새? 물웅덩이에서도 첨벙거리는 아이들의 혈기 왕성함도 나름대로 좋지만, 밤의 공기만 한 게 없다. 낮의 모든 것들이 밤의 공기를 위해 존재한다. 습기, 벌레, 가슴을 내리누르는 열기를 모두 겪고 난 뒤에 밤 시간이 더욱 차분하게 느껴지는 것일지도 모른다.

여름밤에 산책을 나가 보면 네 발을 팔랑거리며 걷는 개들과 이야기를 나누며 걷는 사람들, 음악을 들으며 빨리 걷는 혼자인 사람들이 보인다. 하지만 나는 그런 식의 산책보다도 산책 후에 오는 소강, 그때 진짜로 공기를 들이마시고 음미할 수 있는 것이 아닌가 한다. 밤공기에 얼마나 많은 식물(죽음)의 냄새가 섞여 있는지.

모든 사람은 생기의 에너지를 자신의 모친에게서 물려받는 게 아닌가 하는 생각을 한다. 나는 내 주변의 대쪽같고 애정 어린 여자들이 한 번쯤 이야기해볼 만한 모친을 두고 있다는 결론에 도달했다. 나의 경우에도 반대로 엄마에 대한 평을 들은 적이 있다. 내 주변에서 가장 기가 센 한 여자는 나에게 말했다. "나도 나지만… 너희 어머니도 대단하시다…" 엄마가 사람 좋게 웃어 보이는 단체 사진 속에서도 까만색 터틀넥을 입고 있다는 점에서 그는 자기보다 더한 그의 기세를 읽었는지도 모른다. 내가 모친에 관해 이야기해야 한다면 생에 대한 에너지에 관해서부터 설명해야 할 것이다.

그는 과일을 잘 고르고, 집안을 돌보지 않고 밖으로 나가는 것을 싫어하며, 정신이든 육체든 찜찜한 상태를 참지 못한다. 먹고 싶은 것은 먹어야 하고, 먹을 때는 3일 굶은 사람처럼 아주 맛있게 먹으며, 아이와 소꿉놀이할 때도 전심전력으로 한다. 생에 대한 의지가 강한 사람은 어떤 순간 아주 순수하게도 보인다. 나는 그것을 반만 닮았다. 그는 상쾌한 것을 좋아한다. 지극히 행복한 상태는 시원하게 화장실에 다녀온 뒤 샤워하고 누워 있는 가뿐함이라고 그는 이야기한다. 그것이 내가 생각하는 여름의 에너지다.

하기와라 사쿠타로는 "문학의 진정한 본질은 생에 대한 동물적인, 격렬한 충동(의지)에서 나온다"(《레몬》 해설 중)고 말했다. 누군가가 예술가가 되지 않았더라도 그가 전심전력으로 살아간다면 다른 사람에게 감동을 주는 것은 아마 그런 이유일 것이다.

그는 이런 문장을 쓰기도 했다. "나는 옛날 사람과 사랑하는 고양이와 짓무르는 것 같은 키스를 하는 것 외에는 모든 희망과 생활을 잃어버리고 있었다." 권태감의 반대편에는 짓무르는 듯한 키스가 있다. 격렬한 키스 다음에 반드시 권태감이 따라오는 것일지도 모르지만….

많은 이가 여름밤을 사랑의 감정, 사랑이 시작되는 느낌과 연결 짓는 것도 그것과 무관하지 않다. 그때 만물이 잘 보이고 생생하게 느껴진다. 자연에 아무렇게나 몸을 맡긴 상태, 시장에서 과일이나 생선을 파는 사람의 아무렇지 않음에서 오는 박력, 거기서 이 삶을 어떻게 다루어야 할지 배운다.

미술관 바깥, 초록색 잔디, 풀밭, 사람도 개도 있어야 하고, 썩을 것이 잘 썩어서 고소한 냄새로 변한 길거리에서야말로 진정한 여름밤의 냄새를 맡을 수 있다. 무언가가 제거되고 무언가로부터 유리된 상태가 아닌, 온갖 들끓는 생명과 죽음이 한데 엉켜 있는 것을 냄새와 호흡을 통해 알 수 있는. 모든 것의 한가운데. 과도한 느낌에 항복해버릴 만한 충동 속의 밤공기. 공기 속의 충동이 느껴지는. 이 계절이 모든 가짜를 진짜로 만든다. 그러니 인간은 무엇이든 해도 좋다.

충동성이 공기에 녹아 있는 여름밤. 숨 쉬는 것만으로도 황홀감을 느낄 수 있는 시간에 가장 무디고 재미없는 것은 폐쇄된 공간에 머무는 것이다. 어떤 변화도 느낄 수 없게 차단해버린 현대적인 공간에서 걸어 다니느니 하동이나 장흥 같은 데로 가서, 펜션의 테라스에서 무너져버린 모기향을 두고 앉아 다음 날이 되면 잊어버릴 대화를 하는 편이 좋다.

여름이면 갖추고 싶어지는
장비

 물건이라도 사야겠다 싶어지는 때가 있다. 집에 오디오를 갖추고 싶다고 느낀 건 집에 올 사람이 있어서도, 내가 좋은 노래를 알기 때문도 아니다. 내가 듣는 노래는 고작 몇 개 안 되고 그나마도 사람들이 훌륭한 음악이라고 말하지 않는 노래들뿐이다. 누가 주고 간 블루투스 무선 이어폰도 있고, 구입하자면 신형 헤드폰도 멋있게 느껴지지만, 어쩐지 집으로 가는 차 안에서 한 곡을 반복해서 듣다 보면, 그 웅장하고 꽉 찬 느낌, 평소에 들리지 않던 것이 다 들려서 '이런 것이 음악이구나' 하고 느낄 수 있다. 싸구려 기본 카오디오로도 이렇게 들린다면, 음질이 꽤 괜찮은 셈이다. 전문가의 말에 따르면 바닥에 물건이 널려있는 집은 소리가 부딪칠 곳이 많아 음악 듣기에 좋은 환경이라고 했다. 물건과 옷가지로 가득한 우리집이야말로 음악을 듣기에 가장 좋은 곳이 아닌지.

내 귓속으로 바로 파고드는 음악 말고, 소리가 공간을 떠돌다 이불도 쓰다듬고 종이도 스치는 식으로 공간을 쓸고 나에게 들어오는 경험을 얼른 하고 싶었다.

그런 마음으로 틈만 나면 중고 오디오 장비를 구경하던 때가 있었는데, 내 생각보다 가격대가 너무 높고 사이즈도 커서 포기했다. 웬만한 것 사느니 아이맥으로 듣는 것도 괜찮다는 말에 설득되기도 했다. 너무 찾아보다 보니 이미 오디오를 가진 듯한 느낌도 든다. 듣기로 원래 캠핑 장비를 마련하고 나면 캠핑에 흥미가 떨어지고, 오디오 시스템을 갖추면 그때부터 집에서 음악 듣는 일이 없어진다고 하던데. 장비를 갖추고 싶은 마음은 더 이상 내 마음이 원하는 것이 없는 상태로 가기 위해 내가 반드시 거쳐야 하는 일인지도 모르겠다. 마음이 아무 데로나 뻗치고 흘러서, 물건이라도 사야겠다고 생각하는 것인지.

시대에 뒤떨어지는 알코올중독자 같은 소리지만, 나는 술을 마시는 중에 체온이 오르는 게 느껴지는 걸 좋아했다. 심장 쪽이 조여드는 느낌도…. 바로 그것이 죽음의 맛! 이라고는 하지만 황홀에 가까웠다. 눈앞의 사람에게 칭찬을 퍼붓고 싶어지고, 그의 기분을 한껏 좋게 만들어주고 싶고, 사람들이 느리게 움직이는 것 같고 그럴 때…. 더워서 김이 낀 창문 옆에서 반팔 티셔츠만 입고 있는 것도 좋다. 왜 사람은 하루만 사는 것처럼 살 수가 없는 걸까? 아마 이것이 길고 지루한 인생 속의 하룻밤이어서 이런 생각도 하는 듯하다.

**나의
여름 트랙**

 선아는 좋은 음악을 잘 안다. 이 뮤지션 더운 나라 사람일 것 같다, 하면 런던 사람이에요, 하고 나를 당황스럽게 하는 그는 매우 좋은 취향을 가졌다. 그를 만나본 사람들은 하나같이 입을 모아 이렇게 말한다. "선아 씨는… 정말… 대전 최고의… 멋쟁이죠." 나는 한 술 더 뜬다. "그렇죠…. 선아가 빨간 점퍼를 입고 나왔을 때 저는 그를 함부로 대할 수 없겠다고 생각했어요. 빨간 점퍼를 그렇게 소화할 수 있는 사람은 그때까지 한 명도 보지 못했거든요." 갈색, 연두색, 분홍과 올리브를 적절히 섞은 차림으로 등장하면 순식간에 길에서 2500원짜리 커피를 기다리고 있던 모두가 일제히 그를 돌아볼 정도라니까….

모든 좋은 것이 모인 곳. 선아의 작업실 거기서는 작은 스톡웰 스피커를 통해 하우스 음악과 힙합, 그리고 온갖 알 수 없는 음악들이 흘러나온다. 나는 작업실의 흰 소파에 앉아, 많은 좋은 노래를 들을 수 있었다. 눈을 감고 그 음악들을 들으면, 암스테르담의 한 비닐하우스에 들어가 자유롭고 해방적인 인간들 사이에서 제대로 젊음을 즐기고 있다는 착각에 빠져들게 된다. 몰입한 나머지 가상의 인물들을 비난하기도 한다. '아너 같은 인간 알지, 자유로운 척하지만 보수적이고 꽉 막혔지. 커다란 몸에 작은 백팩을 메고 다니는 것으로 무언가를 전복하고 전유했다고 생각하는 부류지. 바로 나처럼.' 나는 미키가 그려진 바람막이를 입으며 동심 있는 척하고 싶어 하는 어른이다. 하지만 이런 식의 냉소는 이 계절에 어울리지 않는다.

선아가 작업실을 갖기 전에, 우리는 공유 오피스를 썼다. 일이 끝나면 좁은 차에 서너 명씩 끼어 타고 대학로의 좁은 골목을 누볐다. 5분 남짓 되는 거리를 달리면서도 선아는 음악을 틀었다. 앨범 커버에 송곳이나 쇠사슬, 혀 따위가 그려져 있는 음악이었다. "가사가 좀… 그럴 수 있어요." 어차피 못 알아들어서 괜찮았다. 반면 비트와 멜로디는 모두의 것이다. 리듬과 박자로 대통합. 음악은 매우 신났다. 제목은 다음과 같았다.

'Too Cool To Be Careless.'

그 곡은 컴퓨터 앞에 앉아 컵라면을 먹고 있지만, 마치 뭔가 된 것 같은 느낌을 주고, 나의 인생이 이게 전부가 아닐 것 같은 들뜨는 느낌을 주는 음악이었다. 그들은 아마 브루클린이나 캘리포니아, 상트페테르부르크, 그것도 아니면 내가 발음해본 적도 없는 도시에 살 것이다. 몸이나 종이에 그림을 그리는 친구들과 어울리며 실론티 캔에 나뭇잎을 태워서 들이마시는 취미가 있을지도 모르지…. 오늘 할 일인 베란다에 죽은 식물 치우기와 압력밥솥으로 밥하기를 하면서 듣기엔 어울리지 않을지 모른다. 하지만 이 음악을 들으면, 마음이 신나서 나도 모르게 잡스러운 일들을 하나씩 하게 된다. '오래전에 쓰러진 행거 일으켜 세우기' 같은.

그런 식의 허영은 여름과 매우 잘 어울린다. 이것은 역설적으로 우리의 궁핍하고 너절한 하루를 있는 그대로 사랑하기 때문에 가능한 기술이다. 이 글을 쓰는데 압력밥솥에서 타는 냄새가 난다. 하지만 괜찮다. 지금 우리 집 거실에서는 신나는 음악이 나오고 있으니까….

몇 해 전 〈텍스트, 큐피드, 에로스〉라는 제목의 글을 썼다. 그 글은 이렇게 끝이 난다. "나는 가끔 현실의 어떤 조건과도 무관하게 완전히 자유로운 기분에 사로잡힐 때가 있다. 어느 하루 잠깐 그렇게 된다. 그럴 때 내가 하는 생각이란 비비언 고닉의 문장과 같다. "이 순간, 모든 사람을 사랑할 수도 있다."" 마로니에 공원을 바라보고 서서 생각한다. 여름엔 누구와도 어깨동무할 수 있다고. 이것이 내가 여름에 느끼는 감각이다. 누구에게나 그런 음악이 있을 것이다. 인생을 멋지게 사는 듯한 착각에 빠지게 하는, 심각하게 좋은 음악.

욕망은 과하고 여름은 허용하고
카메라는 그걸 찍는다

영화 〈헤어질 결심〉의 초밥 신이 최고의 경찰서 장면이자 섹시한 가을 영화라면, 루카 구아다니노의 영화는 섹시한 여름 영화다. 음악, 옷차림, 장면, 대화⋯. 침묵의 타이밍은 압권이다. 나는 뛰쳐나가고 싶은 여름밤이 오면, 외출하는 대신에 〈챌린저스〉나 〈콜 미 바이 유어 네임〉을 튼다. 그러고 나면 동네라도 한 바퀴 뛰고 싶어서 결국 나가게 되지만⋯. 어쨌거나 여름의 터질 듯한 정서를 음악과 색으로 가두고 담가버리는 것이 그의 방식이다.

하늘색 린넨 셔츠와 짧은 반바지, 타는 듯한 햇빛 아래서 가벼운 자전거를 타는 모습이나 가슴팍에 줄줄 흘러가면서 살구주스를 마시는 장면 같은 것이 나를 들뜨게 하지만, 그것만으로는 젊음과 사랑에 대해 말하기 부족하다.

〈챌린저스〉에서 끔찍하게 좋은 장면은 초반에 나온다. 카메라가 심판의 등을 지나 코트를 가로질러 관객석의 젠데이아에게 가까이 들어갈 때, 그 시선은 본질적이면서도 장난스러워서, '이 감독은 10대인가? 60대의 탈을 쓴 20대인가?' 하는 생각을 하게 한다. 직관적이고, 직감으로만 이루어진 영상 같다. 현실에서 그런 인생을 살았다간 유치장에 가기 마련이거나 혼자가 되기 때문에 루카 구아다니노의 영화는 내 무의식을 가장 완벽하게 뒤집어놓으며 충족한다.

그는 감정을 축적하고, 극에 달했을 때 해소한다. 인물의 감정이든 관객의 감정이든. 함께 고조되었다가 탕, 하고 터뜨려졌을 때 우리는 마침내 사랑이 이루어진 듯한, 마침내 사랑이 눈앞에 있는 듯한 느낌을 받고야 만다. 상대를 훔쳐보고, 상대를 기다리고, 시선이 마주치고, 상대가 나에게 각인되는 순간을, 현실의 내가 보지 못한 시점으로 보게 한다. 감정이 터지는 순간 음악도 강렬해진다. 빠른 비트와 리듬의 전자음. 기다려왔던 감정의 충돌. 그럴 때는 점점 고조되는 사운드가 곧 나다.

〈콜 미 바이 유어 네임〉에서 그들은 야밤에 춤을 추고, 대낮에 공놀이를 한다. 〈챌린저스〉는 아예 테니스 선수가 주인공이다. 하지만 나는 젠데이아가 나올 때 스크린에 더 집중할 수 있었다. 까만색 선글라스를 아무 때나 쓰고 다니는, 엄마 말 안 들을 것 같은 젠데이아 같은 사람에게 당연하게 매혹되고 만다는 것이다…. 그는 코트나 그의 아래 줄줄 딸려 있는 식솔과도 같은 두 인간의 욕망을 알고 있으며, 그보다 자기 자신이 원하는 것을 안다. 욕망이 있는 사람이 그 욕망을 성취할 수 있는 능력까지 가졌을 때… 그리고 그가 귀엽기까지 할 때…. 우아한 몸을 가져서는 천진난만하고 장난기 있을 때, 우리는 순순히 제발 좀 앞으로도 우위를 점해주세요, 하고 기쁘게 우리의 목줄을 내어줄 수밖에 없는 것이다. 침실에서든 코트에서든 감각은 쨍하게 넘친다. 과잉 자체가 여름이다. 살아 있다는 것의 실감이 겨울에는 아득함으로 온다면, 여름에는 탄성으로 온다. 물에 뛰어들 듯한 인간에게 빠져들 때는 그럴 수밖에 없기 때문에.

**우리 둘을 위해
우리 둘의 미래를 위해서 대화해요**

엄마는 고속버스 안 노래대회에서 김건모의 〈아파트〉를 부르고 인기상을 수상했다. 상품은 10만 원 상당의 상품권이었지만 사회자의 장난질로 장려상 상품과 바뀌어, 엄마의 손에 들어온 것은 5만 원권이었다. 엄마는 그걸 억울해했다. "엄마가 그런 데서 노래도 불러?" 하고 물으니 윤수일의 〈아파트〉가 아님을 강조했다. 내가 부를 것도 아닌데, 노래방 기계에 윤수일도 뜨고 김건모도 뜨는데 거기서 꼭 김건모를 선택해야 한다고 당부했다. "그래서 인기상 상품 내놓으라고 했어?" "응, 말했지." 애정결핍과 짠돌이들이 섞여 특유의 분위기를 만들어내는 춤 학원은 그럼에도 서로가 필요한 사람들이 모여 있다. 엄마가 학원 사람들을 전부 좋아하는 건 아닌데도 학원 사람들과 냉이를 뜯으러 가고, 옻닭을 먹으러 간다. 돌아와 나에게 사건 사고를 이야기할 때 나는 너무 놀라지 않기 위해 마음을 먹는다. 대부분의 경우 나는 엄마를 단속한다. "수선집에 아줌마들 모여 있을 때 말 조심해, 허리가 너무 얇아서 고민이라거나 그런 거 웬만하면 말하지 마요." 엄마는 "그게 왜? 난 진짜 고민인데?"라고 말한다. 하지만 난 수선집에서의 그 싸늘한 분위기를 느낀 적이 있다. 나는 엄마를 자식처럼 가르치는 심정으로 말했다. "엄마는 아무렇지 않아도 다른 사람들은 좀 그럴 수 있어…." "그래? 알았어. 조심할게." 그럴 때면 엄마가 아이처럼 느껴진다.

옆집 할머니에게 안 신는 신발을 세탁해서 선물하고, 할머니가 밭에서 뜯은 작물을 문고리에 걸어놨다고 말할 때도 좋다. 할머니 말동무 해드리고 왔다고 가끔 그렇게 말동무도 해드리면 좋아, 라고 하지만 할머니의 자식 자랑이 1시간 이상 이어지면 힘들어하며 그 집에서 빠져나오고 싶어 하는 것도 웃기다. 엄마가 어른보다 아이를 대할 때 난 좋다.

조카는 받아쓰기가 자신 없어서 유치원 버스에 앉아 삐질 삐질 울었다. 엄마는 말했다. "틀리는 건 부끄러운 게 아니야 또 물어보고 또 물어보면 돼." 그리고 이간질과 험담을 하며

무리를 옮겨 다니는 이웃에게는 이렇게 말했다. "말은 해야 맛이고요, 숙제는 풀어야 되는 거예요. 남의 화젯거리만 들먹이지 말고 우리 둘을 위해 우리 둘의 미래를 위해서 대화해요." 엄마는 가끔 그런 말을 한다. 그럴 때면 나는 '아, 내가 이래서 엄마를 좋아했지? 엄마가 이런 사람이었지' 하는 생각을 하게 된다.

하루는 일곱 살이 된 조카가 엄마에게 분위기가 뭐냐고 물어봤다. 어디서 그런 단어를 알게 되었는지 모르겠다. 엄마는 대답했다. "놀다 보면 좋아서 더 놀다 가고 싶은 게 분위기야." 조카가 이해한 것 같지 않다. 들은 것 같지도 않다. 나만 혼자 속으로 '오, 그런 거군…' 하고 생각한다.

대리기사의
사랑

 대리기사가 내 차를 향해 오는 동안 내 가슴은 뛴다. 마치 사랑하는 사람을 기다리는 것처럼…. 그가 내 차에 시비를 걸진 않을지, 그가 쓸데없이 말을 많이 시키는 건 아닐지…. 선화동의 한 공영주차장에서 깜빡이를 켜놓고 대리기사를 기다렸다. 그는 빠른 걸음으로 다가와 운전석에 앉은 뒤 자리를 조정했다. 나는 이미 많이 취한 상태이며 그러니 쓸데없는 말은 마쇼, 같은 느낌을 온몸으로 풍기며 뒷좌석에 기대어 있었고, 우리의 작은 차는 그렇게 출발했다. 걱정과는 달리 그는 남에게 별로 말을 시키지 않는 타입 같았고, 어쩌면 나보다도 더 나와 교류하고 싶지 않아 하는 것 같았다. 나는 금세 마음이 열려 어둠 속에서 옆모습만 살짝 보이는 그를 보며, 오늘은 운이 좋다고 생각했다.

그날따라 나는 평소라면 안 할 질문까지 해가며 대화를 이어갔다. "그러면 당신은 어떻게 돌아가는 겁니까?" "뒤에 따라오는 차 보이세요? 제 와이프예요." 그의 갑작스러운 가족 소개에 당황하긴 했지만, 금방 그를 응원하고 싶은 마음까지 가지고 말았다. 그는 어쩌다가 아내와 인연이 되었는지 이야기했다. 처음에 아내는 나를 별로 안 좋아했다, 나도 아내를 별로 안 좋아했다…. 처음에 서로가 별로 안 좋아했지만, 지금은 이렇게 대리운전을 함께하며 다니고 있다는 것이 어딘가 마음속을 따뜻하게 해주고 다가올 날들을 기대하게 하는 구석이 있었다.

집엔 무사히 도착했고, 아무 일도 없었다. 그는 그를 따라온 차를 타고 사라졌다. '내가 방금 모르는 사람과 이야기를 했네, 불편하지 않았네, 내가 대리기사를 하게 된다면 누구랑 같이하지?' 같은 현실적인 고민도 했지만 딱히 같이 할 만한 사람은 없을 것 같았다. 별점 다섯 개를 주고 집으로 올라갔다.

여름밤을 보내기 위해서는
그의 목소리가 필요하다

포스터 속 한 문장이 정작 영화의 내용보다도 인상 깊게 남아있는 영화가 있다. "더 많은 이야기를 나누고 싶어요" 영화의 제목은 〈한여름의 판타지아〉. 인물들이 경주를 걸었던가? 연인의 집 책장에 있는 나쓰메 소세키의 책 《행인》을 집어 들었을 때도 그 포스터가 떠올랐다. 나의 연인은 책장 앞에 서 있는 나를 보고 말했다. "거기 그런 책이 있었어?" 나는 아래의 문장을 읽고 있었다.

"저녁나절이 비교적 길어지는 여름날이었다. 두 사람이 걷고 있는 언덕 위는 유독 밝아 보였다. 하지만 먼 데 있는 수목이 하늘에 감싸여 차츰 거무스름해지자 하늘 빛도 금세 바뀌었다."(나쓰메 소세키, 《행인》, 현암사, 15쪽)

"게다가 둘만으로는 영 쓸쓸해서요."(같은 책, 16쪽)

나는 이 문장을 읽고, 연인이 있으면서도 다른 존재가 필요하다고 느껴지는 균열이 생기는 순간에 대해 말하고 싶어졌다. 필요한 순간 필요한 문장을 읽지 못하면 영혼의 한 부분을 잃어버린 것 같다.

저녁이 길어지는 여름날, 두 사람이 걷고 있는 길을 떠올리면 늦은 오후에서 완전히 깜깜해지는 밤에 장례식장에서부터 동네의 왁자한 술집 거리까지 함께 걸어가던 날이 생각난다. 그것이 내 마음 속에 가장 깊게 남아 있는 여름에 대한 인상이며, 첫 번째로 떠오르는 장면이다. 알 수 없는 상대와 속도를 맞추면서 걷는 시간, 온화한 기후와 두 사람. 나는 그때 앞으로 펼쳐질 일을 기대하는 마음이 몸을 가득 채우고 있다는 걸 느꼈다. 3년쯤 지나면 문을 닫게 생긴 조악한 술집에 들어갔다. 둘만의 세상. 나는 주머니 속에 접혀 있던 5만 원짜리를 툭툭 쳤다. 5만 원권이 나온 지 얼마 안 됐던 때라 나는 자신 있었다. "더 시켜." 그러자 그가 말했다. "나도 있어."

그때 내 앞에 앉은 걔는 그 맘때 전화번호에서 이름이 뜨면 가장 반가운 사람이었다. 유일하게 그랬다. 진동이 울려서 허겁지겁 휴대폰을 보았다가 다른 사람 이름인 경우에는 절망

하다 못해 화가 날 것 같았다. 나는 그때 내가 그 아이를 좋아한다는 것을 알지 못했다. 지금 내가 보내는 시간이 무엇인지, 이 사람은 나를 어떤 마음으로 바라보고 있고 또 나는 어떤지 그런 것은 공백 상태였고, 다만 계속해서 같이 걷고 말을 하고 싶었을 뿐이다.

당시에는 그가 나 아닌 누군가를 괜찮다고 말하면, 어떻게든 헐뜯어서 그렇게까지 괜찮진 않다는 말을 들어야 할 정도로 그 사람의 머릿속과 몸속은 나에게 중요했다. 그런 일은 어째서 여름에 일어나는지 모르겠다. 길거리의 꽃냄새와 사람들이 옮기는 치킨 냄새 같은 것이 어지럽게 섞여서, 땀도 나고, 파라솔에서 술을 마시는 사람들의 몸은 빨갛고.

상대가 몸을 붙여오는 것이 어떤 뜻인지, 어떤 순간에 어떻게 굴어야 좋은지 잘 몰랐다. 계속해서 날씨 리뷰를 했을 뿐이다. 조금 시원하다거나 몹시 덥다, 같은 말을 하는 것은 일종의 견디기였을 것이다. 나는 상대가 가까워질 때 내 몸으로 느끼는 그의 무게나 떨림을 잊지 못하는 편이었다. 헤어지고 돌아오는 길 내내 그 감각만을 생각하기도 했다. 깜깜한 여름밤에 혼자만의 열기에 사로잡혀 빠르게 걸었으니까. 집에 도착해서 바로 들어가기 싫어 집 주변을 몇 바퀴나 돌았다. 기분 좋은 초조함은 젊은 육체의 피부 같았다.

어째서 그와 보낸 시간 동안 사진 한 장 찍지 않았을까? 같이 있던 공간의 한 귀퉁이라도 찍어두었다면 사진을 들여다보면서 한동안 그에 대한 생각을 할 수 있었을 텐데. 물컵에 묻은 자국을 찍어두고 싶다는 생각을 하긴 했던 것 같은데, 그 순간 그가 화장실에서 돌아와버려 사진을 찍지 못했다.

나는 이런 식으로 그에 대한 마음이 번져가는 것을 느꼈다. '아, 나는 그 목소리가 좋은 것 같다. 대나무 통 안을 깊게 울리면서 나오는 것 같은 숙성된 소리를 가진 인간이라서? 아니다, 나는 그가 가진 눈빛이 좋은 것 같다. 내 속을 뒤집어보는 듯 빤하게 보는 눈이면서도 금방이라도 어디로 가버릴 것 같은 눈빛이 좋은 것 같다. 아, 그것도 아닌 것 같다. 생각해보면 내 시선이 가장 오래 머물렀을 때는 그가 눈을 내리 깔고 다음 말을 하기 위해 멈춰 있던 때이기 때문이다. 그러면 대체 뭔가. 그가 자기 집 안에서 분주하게 움직이는 모습도, 오랜 시간 만들어왔을 말투도 아니라면 내가 사랑에 빠진 건 도대체 무엇 때문인가. 아무래도 나는 그가 거느린, 그가 지나온 시간이 전부 좋은 것 같다.' 이런 식으로 평생 말해도 다 말해지지 않는 그 지점에서 그를 좋아하는 것 같다. 어째서 나는 그라는 인간이 이렇게도 좋아진 것일까? 여름의 터널을 통과하면서 이 사랑이 감당할 수 없을 만큼 커진 것이다. 생각이 여기까지 미쳤을 때는 박완서 소설 속 화자가 정말이지 자신이 이 여자와 사랑을 하려나 보다고 예감한 문장을 찾아야 했다.

더운 나라의
해이함

　나는 여행을 좋아하지 않는다. 하지만 한국에서 사는 것은 더 좋아하지 않는다. 그래서 별수 없이 여행을 떠나게 되었다. 그중 하나가 치앙마이였다. 친구도 휴가를 내고 치앙마이에 오기로 했다. 지호는 치앙마이에 도착한 첫날 나를 만났다. 어떠냐고 물으니 더운 나라에만 있는 해이함이 있다고 했다. 바로 그걸 느끼기 위해서 여기 왔다는 생각이 들었다. 여러 가지를 챙겨야 한다는 생각이나, 아무리 못해도 옷을 제대로 입고 나녀아 된다는 강박 정도는 있지 않겠나. 하지만 모두가 그냥 비를 맞으며 거적 같은 것을 두르고 다니는 세상에서는 옷에 묻은 걸 열심히 털어내는 사람들이 순간 민망해진다. '아 이럴 필요까진 없나?' 그러다가 동화된다. 맨발에 슬리퍼를 신고 갈 수 있는 구역이 한국에서보다 넓어졌다.

내가 지내는 숙소에서는 큰 창을 통해 하늘이 넓게 보였다. 테라스 난간 위에 식빵을 조금씩 떼어놓으면, 언제 어떤 새가 와서 그걸 먹고 가는지 볼 수 있을 것 같아 계속 그곳만 쳐다보고 있었는데 새는 한 마리도 보이지 않고, 빵만 사라지는 것이었다. 녹화를 해야 하나 생각했지만, 결국 빵이 다 사라질 때까지 새를 관찰하지 못했다. 테라스에 나가봤더니 바닥에 떨어져 있었다. 그냥 바람에 떨어진 거였다. 그렇게 빈둥대며 하늘을 볼 수 있다는 점이나 나무와 풀이 끝없이 펼쳐져 있고, 건물 사이사이에도 있어서 어떤 정렬이나 질서에 대한 강박이 없게 느껴지는 점도 좋았다.

나는 지호에게 가방 문을 제대로 안 닫고 다니는 너의 해이함은 어디서 온 거냐고 물었다. 그치만 그건 내가 닫아주면 되고, 그와 다니며 알게 된 바로는 물건은 어지간하면 떨어지지 않았다. 관광객으로 붐벼 가지 않았던 국수집에서 아침을 먹기로 했다. 사방이 뚫린 곳이었다. 다 같이 꼼짝없이 비를 맞고 있는 게 낭만적이었다. 세차게 내릴수록 그랬다.

나는 나에 관해 이렇게 생각해왔다. 지갑을 한 번도 잃어버린 적 없음. 잃어버려도 하루 안에 찾았음. 나는 여태 그런 것을 은근한 자부심으로 삼았다. 동시에 풀어져 있는 사람을 좋아했다. 여름 나라에서 내가 스스로에게 하려는 것은, 정말로 원치 않는 상태를 스스로에게 줘버리는, 말하자면 충격을 주는 치료다. 완벽히 깔끔하게 할 수 없는 상황으로 가서 매번 잘 마른 수건을 쓰지도 못하고, 매번 새로 빤 티셔츠를 입지도 못하고, 매번 새로 딴 생수를 마시기에도 좀 그런 상황에서, 거리의 쓰레기와 비둘기, 침 튀기는 남들과 가까이 있기…. 그러면서 내 경계가 허물어지는 것을 느끼기. 일종의 리추얼인 것이다. 냄새가 나도 괜찮다고 생각하기, 선을 넘고, 남이 나의 선을 넘어 와도 너무 싫어하지는 않으며….

한국에 돌아와 나의 강박과 집착이 덜어졌느냐 하면 그건 아닌 것 같다. 거기서 마신, 별로 대단할 것도 없는 미디엄로스팅 커피에 대한 집착이 새롭게 시작되었고, 그 카페에서 마신 원두와 비슷한 미디엄로스팅 원두를 찾느라 스마트폰 스크린타임이 길어졌으며, 급기야 치앙마이에서 한국으로 들어올 일이 있는 사람이 주변에 누가 있는지 떠올려보기도 했다. 그 집착은 내가 새로운 맛있는 카페를 찾게 되며 한 달도 채 지나지 않아 끝이 났다. 나의 집착은 하나도 옅어지지 않고 대상만 바뀌었다. 하지만 내가 그전에 얼마나 바보 같은 집착을 했었는지 정도는 안다. 아직도 그 커피숍에 새 게시물이 올라오거나 직원을 구한다는 글이 올라오면 헉, 하고 반응하게 되지만 이제는 그 카페에 가기 위해 치앙마이에 가는 계획은 세우지 않는다.

**가짜여도
좋은 것**

한국의 봄은 절대로 이때 여행을 떠나면 안 될 정도로 누려야만 한다. 당신이 한국의 남루함과 구림에 이골이 난 데다 여태 버텨왔다면 3월 말과 4월 초만큼은 한반도에 붙어 있어야 한다. 붙어서 매화도 보고 벚꽃도 보고 그 사이사이에 핀 개나리도 보아야 한다. 향기는 달콤하고, 사람들도 그때만큼은 마음에 여유를 가지게 되니…. 반면 여름은 작열한다. 죽음처럼 불시에 찾아와 장장 몇 달을 장악한다. 낮엔 더워서 걸을 수가 없고 여름이 오면 아무 데나 벗고 뛰어들겠다고 하지만, 현실적으로 마음대로 물에 뛰어들어 수영할 수 없다. 내가 사는 곳은 분지이고… 강가가 있다고 하더라도 도심에서 그럴 수는 없다. 생활 속에서 여름을 견뎌야 한다.

2019년에 나는 이런 글을 썼다. "~여름이 좋았다" 믿기지 않는다. 지금보다 젊어서 그랬을까? 생각해보면 나는 당시에도 여름보다 여름 같은 것을 좋아했던 것 같다. 산을 좋아한다고 하지만 산을 오르는 과정 전체를 좋아하는 게 아니라, 어쩌다 올라간 산 중턱에서 들이마시는 시원한 공기와 솔 냄새를 좋아하는 것처럼. 그래서 정작 등산을 하는 일은 없지만 산의 이미지를 떠올리고 산에 가기에 좋은 날을 마음속으로 계획하기만 하는 것. 나는 여름의 아주 일부만 확대해서 즐겼다. 밤의 매미 소리, 시원하면 안 될 것 같은데 갑자기 시원해지는 순간. 밤에 누군가를 만나러 가기 위해서 길을 나설 때.

하지만 날이 따뜻해지면 도시인도 전보다는 본능적으로 변하고 마음이 자유로워진다. 나는 그 착각을 좋아하는 것이다. 전보다는 뭐든 조금 더 열심히 해볼 수 있을 것 같은 느낌과 동심을 되찾은 듯한 느낌. 카페 내부에 자리를 차지하고 앉아, "어떻게 나가냐… 저 땡볕에…" 하고 말하며 문이 열릴 때마다 뜨거운 열기가 들어오는 것에 기겁하던 친구들이 보고 싶다. 이열치열이라며 여름에 복싱장에 등록한 친구도 생각난다. 줄줄 흐르는 땀과 언제까지 이어지는지 모를 줄넘기도….

확실히 말할 수 있는 건, 이 글을 쓰면서 지나간 여름에 대해 생각했다는 것이다. 나는 지나간 여름의 사랑을 이야기하는 것을 좋아하고, 돌아갈 수 없는 여름을 좋아하고, 그런 여름을 노래한 음악이나 영화를 좋아한다. 여름을 견디기 어려워하는 사람을 좋아한다. 그때 그와 더위하면서 돌아다닌 나무 아래와 느티나무 밑에서 쉬는 사람을 한동안 바라봤던 것을 생각한다.

개떡 같은 날씨 100번에 끝내주는 순간 한 번으로 대낮의 더위가 용서되었던 날도 있다. 습기에 습기를 더하는 비도 가끔은 괜찮다. 그런 날씨는 일상으로부터 나를 밀어내는 듯하다. 한 번도 가지 않은 곳에서 비를 피하기도 하고, 비를 맞으며 짧은 거리를 달려보기도 하고, 갈아입을 계획이 없던 옷을 벗게 한다. 변수가 많은 계절이면서 동시에 그 변수에 몸을 내맡기는 충동성도 함께 주는 날씨다. 이렇게 기억하는 것을 보면 나는 꽤 여름을 좋아하는 듯하다.

**감각의
축제**

 어떤 사람의 얼굴을 보고 있으면 아무것도 안 하고 이렇게만 있어도 좋겠다는 생각이 든다. 나랑 어떤 관계에 돌입하지 않아도 그냥 지금 너무 좋구나, 하는 생각이 드는 것이다. 그 아름다움이 나에게 주는 슬픔이 있고, 그와 무언가를 나눌 수 있을 것만 같은 착각이 든다. 모든 아름다움은 나를 집중하게 하고, 살아 있다는 느낌을 준다. 그런 것을 외면하기란 어렵다.
 넋 놓고 보게 되는 얼굴 같은 책도 있다. 그런 책을 읽고 있으면, 새벽이라도 머리가 팽팽 돌아가는 느낌을 받는다. 그런 집중과 몰입은 자주 오는 것이 아니다. 시험 기간의 복도까지 나른해진 공기에 백열등으로 밝은 건물 내부가 떠오른다.

젊은이들이 코로 이산화탄소를 내뿜으며 책에 파묻혀 있고, 나는 책 한 권에 빨려 들어간다. 여름에 창문을 활짝 열어놓고 책을 읽을 때 그런 생각을 한다. 뻣뻣한 책장을 넘길 때 손가락에 수분이 사라지는 느낌이나, 그럴수록 더 몰입돼서 책에 내 정신이 붙어버리는 기분 같은 것. 한참이나 고개를 빼고 있다가 정신을 차리면 뻐근한 느낌이 나는 목.

이건 정체감에 대한 갈망일지도 모른다. 내가 좀 더 진해졌으면 좋겠다는 느낌. 절에 다녀온 게 무색할 만큼 나의 자아는 더 강해지기를 바라고 있는 것이다. 하루치의 느낌이 부족한 것을 종종 배고픔으로 오해하기도 한다. 그럴 때 수영장에 뛰어들 수 있으면 배달 음식을 조금 덜 먹게 될 텐데. 그럴 때 맨발로 흙바닥을 밟으며 시속 80킬로미터로 달리는 개를 보고 혀가 저만큼이나 나왔어, 하고 웃을 수 있다면 좋을 텐데. 내 미래는 어떻게 될까, 운세를 점치는 것이 아니라 지금 내 눈앞에 있는 글에 감탄하고 6년 전에 올라온 연주 영상을 보면서 이상하게 가슴이 요동치는 것을 느끼는 것. 나는 가끔 이건 진짜, 저건 가짜, 라는 식의 판단과 평가를 남발하고 싶은 기분이 되는데, 그럴 때 참고할 만한 이야기는 프랑수아즈 사강이 《패배의 신호》에 썼다.

"태양, 해변, 한가로움, 자유… 이게 우리가 누릴 것들이야, 양투안. 우리도 어쩔 수가 없다고. 그게 우리의 정신에, 피부에, 뿌리박힌 걸. 어쩌면 우린 사람들이 타락했다고 말하는 그런 사람들일지도 몰라. 하지만 난 그렇지 않은 척할 때, 더 타락했다는 기분을 느껴."(프랑수아즈 사강, 《패배의 신호》, 녹색광선, 239쪽)

3부

장소들

어떤 여름 휴가에 대한
상상

 나는 그와 별로 안 친했으면 좋겠다. 서로 속속들이 알고 있는 것보다는 인간적인 호감 정도가 있는 상태에서 여행을 떠나는 것이 좋다. 공항에서 만나거나 아예 비행기 안에서 만나고 싶다. 가는 곳은 치앙마이였으면 좋겠다. 그리고 거기서 우연히 알게 된 좋은 술집이나 카페를 찾아서 들어가고 싶다. 내가 영어로 말할 일은 없었으면 좋겠다.

 그는 어떤 일을 하는 사람일까? 일을 안 하는 사람이어도 되지만 그림이나 시 같은 예술에 관심이 있고, 적어도 그것이 쓸모없다거나 과하게 대단하다고 생각하지 않는 사람이었으면 좋겠다. 이런저런 물건을 구경할 때 신나 하는 조금 밝은 사람이었으면 좋겠다. 뜬금없이 앞으로의 계획을 이러고 있으니 생각이 나는 것 같다면서, 아니면 아주 옛날의 과거 같은 이야기를 하면서 하고 싶은 것에 관한 이야기를 할 수 있으면 좋겠다.

오후를 보낸 뒤 걸어 나와 강가 쪽으로 걷다가 생수를 사거나 아니면 우연히 흘러 들어간 식당에서 꽃을 구경할 수 있으면 좋겠다. 빈티지 옷 가게 2층에 소품샵, 음반샵이 있다는 것을 알고 기웃거리다 배가 고파져서 아이스크림 가게에 갔으면 좋겠다. 거기서 직원이 "요즘 개발하고 있는 구아바 아이스크림입니다" 하면서 한 입 떠주면 예상외로 맛있어서 기분 좋아하고 싶다. 내가 어떤 행동을 하는 거의 대부분의 이유는 기분이 좋아졌으면 하는 것이다.

친하지 않은 그와 이런 식으로 시간을 보내다가 다음 날은 또 각자의 방에서 뒹굴다가 한 사람은 박물관에, 한 사람은 쇼핑센터 안에 있는 헬스장에 가도 좋다. 그러다 비가 쏟아져서 오후 2시에도 어둑해지면, 한 방에 모여 호주의 여자 교도소 드라마를 보면 좋겠다. '들어오는 길에 먹을 걸 사 왔으면 좋았을 텐데' 하고 후회하고 싶다. 원형으로 생긴 호텔 복도를 걸으면서 판옵티콘이 아닐까 갑자기 감시당하는 척 연기하고 싶고 어디서 풍기는지 모를 특유의 남국 냄새와 식물이 뿜어내는 습기에 근육과 연골이 이완되는 것을 느끼며 아직 한 번도 하지 않은 수영에 대해 계획을 세우고 싶다.

**여름에
감행한 것**

 누군가를 따라 가지 않고서는 어딘가에 가야겠다는 생각을 잘 안 한다. 하와이도 그런 식으로 갔다. 샌프란시스코도, 부에노스아이레스도 아닌 하와이라니. 그러나 정말로 그곳에 가서 며칠 동안 이 집에서 저 집으로 숙소를 옮기며 지내다 본 몇몇 풍경은 마음속에 영상으로 남아 있다. 연한 하늘색 하늘에 풍경처럼 섞인 연노랑색 맥도날드 로고 때문에 이 도시는 커다랗고 한산한 놀이공원처럼 보였다. 나는 운전을 하지 않는 조수석 사람답게 운전자가 시키는 대로 노래를 틀었고, 나와 일행은 차체가 낮고 작은 차 안에서 음악을 들으며 달렸다.

 이삿짐을 옮기는 일을 하며 먹고사는 사람들도 있었고, 트럭에서 새우를 파는 사람들도 있었다. 아름다운 장면도 많이 보았지만, 돌아와서 보면 정작 그리운 것은 형편없는 공산품이 모여 있는 마트에 가서 초콜릿을 산 일이나, 밤거리를 휘적휘적 돌아다닌 일이다. 여름의 나무는 빛을 발한다는 것을 알게 되었다.

살면서 알게 된 것은, 감정에 따라 사는 것은 미지를 감수하는 일이라는 것이다. 그것이 모험의 원형이다. 호기심을 불러일으키는 대상이나 장소에 그냥 가버리는 것, 그리고 그것이 나에게 주는 상처를 직격으로 맞는 것이다. 아주 길고 느린 변화가 수반된다. 지금까지 쌓아온 나에 대한 생각은 해체돼버리고, 우리는 깊은 무력감을 느낄지도 모른다. 감정과 행복의 주도권을 이미 상대에게 넘겨버렸으니.

친구 집에서 입이 검어질 때까지 와인을 마시다가 "또 새벽 4시야, 또 4시" 하고 말할 때 나는 그때라도 집에 가는 게 낫다는 걸 안다. 지금이라도 택시를 잡으면 집에 가서 씻고 잘 수 있다고. 하지만 동이 트고 새 소리가 들리고 도로에서 차 소리가 하나눌씩 날 때, 새벽의 즐거움을 포기하고 집에 갈 수는 없다. 그때 나오는 이야기가 진짜. 새벽에 어질러진 식탁 앞에서 연속으로 담배를 태우며 먼 과거에서부터 바로 어제 있었던 일까지 이야기하는 이 시간을 포기할 수가 없다. 다음 날은 아침에 잠들어 오후 느지막이 깨서 오늘 하루를 다 버렸다고 생각하지만, 새벽에만 할 수 있는 것이 있다. 평소보다 오래 눈 마주치기, 평소보다 한마디 더 하기, 한마디 더 듣기, 들어보려고 하기. 친구들이 하는 사랑 이야기를 들으며 내 사랑을 테스트해보기. 생각보다 깊었구나, 생각보다 아무것도 아니었구나, 라고 생각하기. 나는 웃을 때 입이 시원하게 벌어지는 사람을 좋아하는구나, 하고 발견하기. 인정하기. 남들이 돌아갔던 길에 관한 이야기를 들으면서 거기까지 따라가기. 아침이 되고 모두 지치면 술자리는 파한다. 도저히 그 집에서 단체로 잘 순 없어서, 나는 집으로 돌아온다. 가만히 앉아 주야장천 떠든 것뿐인데 어딘가에 다녀온 것 같다.

하와이에 가자고
말하기

 연인에게 하와이에 가자고 말하는 여러 방법 중 하나는 하루키의 《달리기를 말할 때 내가 하고 싶은 이야기》를 읽어주거나 책을 보여주는 것이다. 하와이가 뭐가 그렇게 좋은가 하면, 이 세상이 아닌 것처럼 느껴지기 때문이다. 물론 거기에도 턱없이 비싸고 맛없는 피자집과 형편없는 탐폰이 있다. 관광객에게 스누피 티셔츠를 비싸게 팔아치우는 장사꾼들과 휘파람을 부는 인간들도 있다. 반대로 생각하면, 조심해야 할 것은 그것뿐이다. 돈을 쓰기만 하는 여행자의 입장에서 가끔 들리는 총소리 비슷한 것과 갑자기 하늘이 어두워지면서 우박 같은 비가 떨어지는 것 정도…. 한국의 상황이 그것보다 몹시 촘촘하게 괴로우며 그 괴로움이 일상을 지배하는 것과 다르게…. 그러니까 그냥 맛있는 음식을 먹고, 풍경을 보고, 소파에 다리를 하나 걸치고 누워서 현실과는 무관하게 낮잠을 즐길 수 있는 곳으로서의 하와이를 생각하지 않을 수 없다.

거기서 달리고, 아무 때나 물에 뛰어들어 수영하고, 모래사장에 드러눕는 자유로운 생활을, 그리고 할 일이 없는 오후에 일행을 설득해 카약을 타러 가는 시간들…. 물론 한국의 5월이나 9월도 훌륭하다. 하지만 거기서 나는 괜한 울적함이나 비관에 빠져들지 않고, 정치 경제 문화 사회의 모든 이슈와 멀어지며, 밤에는 커피를 마시고 길게 누워 바깥세상에 비가 쏟아지는 걸 구경할 수 있다. 집채만 한 나무가 흔들리는 것을 보고, 해가 지기만 해도 풍경이 이렇게 달라진다는 것을 신기해하면서….

그러니까 꼭 하와이일 필요는 없다. 연인에게, 혹은 곧 연인이 되어버릴 것 같은 사람에게 나랑 여기서 빠지자, 라는 얘기를 하고 싶은 것뿐이다. 가서 속옷도 안 입고 돌아다니자, 사람들 시선은 신경 쓰지 말자, 휘청거리면서 걷자, 신호를 기다리면서 입을 맞추자, 나랑 놀자, 같은 말과 하나도 다를 것이 없다.

LA

세상에는 두 부류의 사람이 있다. LA에 가고 싶어 하는 사람과 딱히 관심 없는 사람. 나는 전자다. 어릴 때는 이웃이 미국으로 이민을 간다는 소식을 들으며 미국은 얼마나 먼 나라일까 상상해본 적이 있다. 우리 집에 놀러온 이웃집 언니가 인터넷에 떠돌아다니는 퍼킹 유에스에이 영상을 재생했는데 그 뒤를 지나가던 아빠가 말했다. "왜 그런 노래를 듣는 거냐." 그 정도가 나의 미국에 관한 인상이다. 하지만 미국의 다른 도시와 다른 무언가가 LA에 있다. LA에 도착했을 직후나 무심코 들이쉬는 숨에도 가슴이 뻐근해지는 어떤 감각을 느낄 수 있으리라는 환상.

LA에 여행 간 승원과 메세지를 주고받다가, 그가 LA의 바람은 부드럽고 뭐든 하라고 등 떠미는 것 같다고 말했다. 나는 그곳의 살인적인 물가나 인종차별, 한인 커뮤니티 괴담처럼 나에게 가까운 것들보다도 먼저, 내가 맡아본 적 없는 냄새와 피부에 닿는 감촉을 상상했다. 그리고 그건… 엄청난 것이었다. 아메리칸드림 같은 걸 꿈꾸는 것도 아니고, 다만 복잡하게 뒤엉킨 욕망이 한풀 꺾인 곳에서, 좀 변형된 자유라고 할지라도, 그만큼 풀어지는 기분을 느끼고 싶었던 것이다. 동아시아의 구석에서 LA 출신 빌리 아일리시가 만든 노래를 들으면서 상상한다.

LA로 향하는 비행깃값은 언제나 비싸고, 나는 잘 알지도 못하는 바르셀로나 LA에 가고 싶다는 생각을 종종 한다. 다행인 것은 원한다면 언제든 남미의 스케일이 큰 소설과 LA를 배경으로 한 영화를 볼 수 있다는 것이다. 상상력만 동원한다면 언제든 축구와 야한 이야기로 가득찬 펍의 열기를 느낄 수 있다. 그중 무엇도 실은 좋아하지 않더라도, 등을 떠미는 바람은 좀 궁금하다. 어떤 것에 홀리거나 떠밀리고 싶을 때 특히 그렇다.

그곳에는 성공을 꿈꾸며 이주했지만 성공도 실패도 아닌 애매한 버팀의 상태에서 80년대에 박제돼버린 부동산 중개인

또는 자영업자 한국인이 있을 것 같다. 물론 그런 한국인은 압구정에도 있을 것이지만, 너무 가깝고 다 읽히는 낙오자만큼 우리를 불편하게 하는 것은 없다. 딱 그 정도의 거리감이 좋은 것이다.

차를 타고 다닐 때의 기분 같은 것도 상상된다. 늦은 오후 도로는 사과즙을 뿌린 것처럼 노란색이 될지도 모른다. 나는 조금 쓸쓸하고, 말도 못 하고, 카페에선 커피도 대충 주고, 그럼에도 나는 그러려니 하면서 그 모든 것에 만족하려는 자세를 가지며 두꺼운 피자 또는 소스가 흐르는 햄버거를 먹어야 할 것이다. 왜 그런 즐거움이 좋게 느껴지는지…. 실패한 사람의 인생에서 어떤 동질감이나 낭만성을 느끼는 것이 나의 악취미여서 그럴 것이다. 하지만 그러기에 LA는 여전히 빛나고, 걱정 없는 사람들도 있을 것이다. 아무렴 어떤가. 나는 아마 갈 일이 없을 것이고, 가더라도 그 도시에 눌러앉진 않을 테니까…. LA는 이렇게 피상적으로 느끼고 맘대로 상상하기에 좋은 도시다.

그러니까 LA에 관심 없는 사람은 다시 말해 쓸데없는 생각을 하지 않는 사람이거나 혹은 실제로 LA에 다녀와서 구체적인 LA를 경험한 사람이다. 나처럼 빌리 아일리시의 이미지를 통해 LA를 더듬어볼 필요가 없는, 자기만의 가게와 거리와 친구를 가진 이들이다. 원래 경험이 없는 사람일수록 환상이 크다.

핫핑크색 아대, 기저귀 같은 흰 팬티만 입고 방안을 돌아다니는 사람들, '사람이 여기에도 털이 나나?' 싶을 정도로 털이 많은 사람들, 집 앞마다 있는 벤치와 까진 샌드백, 낮에는 분리수거 안 하고 밤에는 병맥주를 마시고 주황색 도로를 질주하고 도넛을 먹는 모습…. 방랑과 허술함의 도시. 한국에서도 그런 게 가끔 가능할 때가 있다. 낮의 도로에서 창문 네 개를 다 열어놓고 90년대 음악을 들으며 달리기. 그러다 옆에 트럭이 바짝 붙으면 창문을 올려야 하겠지만….

**내 여자의
열대**°

1.

우리는 태국의 여름에서 한국의 여름으로 넘어왔다. 여행을 함께한 친구와 세무서 앞에서 만났다. 일주일 전만 해도 우리는 남아시아의 풀장에 둥둥 떠 있었는데, 그리고 숙소 주인에게 그만 사진을 찍혀 페이스북에 업로드되기도 했는데…. 거기에 순진한 표정으로 우뚝 서서 사진을 찍혔던 날로부터 며칠 지나지 않은 것 같은데, 지금 우리는 대전세무서에 있고, 번호표를 뽑은 뒤 인감도장을 들고 서 있다는 현실을 믿을 수 없었다. 그와 나는 얼마 전에 여행을 다녀온 사람들답게 현실을 비

° 이 글은 《보스토크 VOSTOK 매거진 38호》에 실린 글이다.

관했다. "인천공항은 냄새부터 재미없고 한국은 그저 하나의 거대한 사무실이에요…." 나는 그를 사무실에 내려주었다.

우리는 그곳에서 오토바이를 타고 사원을 향해 달렸다. 초등학교도 보았다. 녹색, 분홍색, 노란색이 너무 많은 세상이었다. 과한 물기, 색, 표정, 어떤 식의 투쟁도 햇빛 앞에서 녹아버리는 절대성과 자연. 더운 나라라는 건 뭐길래 우리를 이러한 그리움에 빠뜨리는 것일까? 며칠 동안 살이 벗겨지고 차는 너무 흔들리며 손을 씻어도 금방 더러워졌다. 방바닥에 발이 닿았다 떨어질 때나 리모컨을 조작할 때 촉감은 스티커를 만지는 것처럼 끈적했는데…. 그러한 불편감이 우리의 본성을 자극했던 것인지, 그는 구글로 우리가 다녔던 곳을 다시 여행했고 나는 거기서 본 것들에 관해 썼다. 동네를 걷다 보면 튼실한 닭이 풀숲에서 튀어나오고, 그는 아주 용맹해 보인다. 뒤집힌 세상이 마음에 들었다. 시끄럽고, 질서 없고, 총천연색인.

어떤 것에 매혹될 때 나는 가장 젊고 신이 난다. 누군가를 만나기 위해 나는 영화관에 앉아 있는 것을 선택하지만 그런 일은 일어나기도 하고 일어나지 않기도 한다. 서점에서는? 그보다 자주 일어난다. 거리에서는? 그보다 조금 더 자주. 내가 좋아하는 여자애는 파리의 염세주의자처럼 보이지만, 색채가 뚜렷해 더운 나라와도 어울린다.

2.

나는 많은 것을 너무 빨리 그만두곤 했지만, 어떤 것은 지나치게 오래 하곤 했다. 대학 시절에 수강한 보도 사진 수업은 정말로 4시간 동안 했기 때문에 별수 없이 휴게실로 도망가야 했고, 나는 아직도 셔터스피드를 조작하는 법을 모른다. 반면 언제 빨았는지 모를 그곳의 이불과 먼지 냄새, 어둠 속에서 새로운 누군가가 등장하는 순간의 야릇함 같은 것을 너무 자주 생각한다.

풀장에서 나와 비치 의자에서 책을 읽으려고 했다. 몸에서 물이 뚝뚝 흐르고 있었고, 물안경을 이마 위로 올려두고 안경을 찾아 썼다. 바람과 테니스에 관한 글을 읽으려는 것이었는데, 햇볕에 탄 두 팔이 간지러워 읽을 수 없었다.

그러나 아무것도 읽지 않아도 그 시간은 끝내줬다. 몸에는 불편감이 없었고, 멀리서 차가 지나가는 정도의 소리가 들려올 정도였으며, 물놀이의 노곤함은 시간이 흐르며 나른하고 자유로운 기분을 만들어주었다. 바람은 풀장에 떠 있는 나뭇잎을 움직이게 하고 바깥의 풀냄새를 실어 오는 것 외에는 하는 일이 없었다. 내 앞에는 발을 걸칠 수 있는 작은 테이블도 있고, 커피도 향긋하게 내려진 데다 얼음도 많았다. 나는 의자에 몸을 기대고 앉아 테이블 위에 놓인 투명한 재떨이 보는 것을 즐겼다. 여러 각도로 빛나며, 하늘색 물과 갈색 바닥재와 어울리는. 숙소 주인이 치우지 않는 한 앞으로도 계속 거기서 새소리와 차 소리를 들을 것이었다. 그것이 부드럽게 빛을 받는 모습을 보는 것이 좋았다.

만일 그때 일행이 저녁거리를 사러 가자고 하거나 야시장을 구경하러 가자고 불러냈다면 핑계를 대서라도 그 시간을 연장했을 것이다. 평화로움은 시간에 실려 오며, 이 시간이 다른 어떤 시간과도 다르다는 것은 자신만 알 수 있는 방식으로 기억된다. 그래서 아무리 고개를 쭉 빼고 일행이 있는 쪽을 돌아보며, "지금 너무 좋지 않아요? 지금 너무 좋죠" 하고 확인해도 마음이 놓이지 않는 것이다. 그저 눈을 감았다 뜨고 숨을 내뱉고 주변을 천천히 살피며 모든 걸 기억할 태세로 임하는 것밖에는…

3.

나는 여행지에서 만난 사람에게 금방 마음을 주었다. 그들은 색채가 강한 인물들이었다. 저녁이 오면 누구 한 명이 낮에 봤던 사람에 대해 이야기하기 시작했고, 한참이나 우리는 왜 그에게 좋은 인상을 남기고 싶어지는지 이야기했다.

섬으로 가는 모터보트에서였다. 이동하는 것이 투어의 전부라면 너무 많은 돈을 낸 것이 아닐까 생각하는데, 그는 배가 출발하고 10분쯤 뒤 도착한 또 다른 섬에서 등장했다. 내가 얼음을 넣은 커피에 과자, 수건, 옷과 도수 있는 물안경, 에어포스와 흰 양말까지 챙겨온 것과 다르게 그는 얼기설기 짜인 작은 가방 하나를 들고 있었고, 수영복에 천을 두른 차림이었다.

배 위에서 비틀대다 앞 사람의 무릎을 잡았을 때도 그는 길게 사과하거나 혼잣말하는 식으로 수선을 떨지도 않았는데, 그것은 나른한 오후, 반듯한 이마, 바닷물 냄새와 어울렸다. 여기도 한국과 같은 휴일이었으므로 나는 상상하기 시작했다. '주말마다 섬에서 수영하는 직장인?'

사람들이 스몰토크하며 호의적인 표정을 지을 때나, 함께 조금씩 웃는 상황에도 그는 팔을 늘어뜨리고 자거나 심드렁했으며, 식수로 스노클링 도구를 씻어낼 때와 물에 빠질 때만 재빨랐다. 식당에서 그는 혼자 큰 테이블을 차지하고 앉았고, 찾으면 안 보이다가 예상하지 못한 순간 너무 가까이에 있었다.

내가 면발이 툭툭 끊어지는 빨간 스파게티를 두 접시째 담고 있을 때나, 차양 아래 서서 손가락에 밴드를 붙이고 있을 때 그는 내 앞을 지나갔다. 투어를 마치고 그가 모르는 섬에서 내렸을 때, 섬은 멀어 보였고, 좁은 길과 나무 말고는 밖에서 아무것도 보이지 않았다. 일행은 자고 있었다.

우리의 모터보트는 크림에 레몬즙을 한 방울 섞은 듯한 색이었다. 바다와 모래는 물감을 뚝 떠서 펴 바른 듯했다. 엄청난 소음과 물길을 일으키며 배가 떠가기 시작할 때, '낡은 흰색은 예쁘구나' 생각했다. 사람들의 맨발, 찰박찰박한 물, 몸에 달라붙는 티셔츠와 바람에 젖혀지는 셔츠, 따뜻하게 젖은 몸. 지금 나는 한국보다도 추운 나라에 와서 눈이 쌓인 도시를 걷고 있다. 거리를 다닐 때는 떨어지는 간판에 맞아 죽지 않도록 주의한다. 세상에는 좋은 것이 많기 때문에. 아직 시작도 못했기 때문에.

**바닐라빈
요거트**

 어떤 요거트는 너무 훌륭해서 완벽하다는 생각마저 든다. 치앙마이 여행이 끝날 때쯤 알게 된 건, 여기서 파는 바닐라 요거트가 지금까지 맛본 세상의 모든 요거트보다 맛있다는 것이었다. 그것은 스페인에서 수입된 바닐라빈 요거트로, 친구의 호텔 냉장고에 들어 있었다. 맛있을 것 같아서 사 봤다고.

 나는 음식 이름에 '바닐라'라는 말이 들어가기만 하면 한번 경험해보고 싶어 한다. 그건 뚜껑에 바닐라꽃 그림이 그려져 있어 관심을 끌었다. 그림까지 자신 있게 넣을 정도면 바닐라 함량이 높을 것 같았다. 입안에 퍼지는 달콤함과 부드러움. 치앙마이에 다시 가게 된다면 여행 첫날부터 마지막날까지 매일 아침, 혹은 간식시간에 그것을 하나씩 먹어야겠다고 다짐

했다.

그것을 한 입 떠 넣었을 때 나는 놀라고 말았다. 바닐라를 떠올릴 때 상상할 수 있는 가장 익숙한 바닐라, 그런 점에서 완벽한 맛이었기 때문이다. 질감은 물처럼 흘러내리지도 푸딩처럼 단단하지 않은 중간 정도였다. 흰색 요거트 사이에 까만 점이 박혀 있었다. 그것은 향기롭고, 달콤하고, 필요한 만큼만 시어서, 한 통에 꽤 많은 양이 들어 있는데도 한 번에 다 먹을 수 있었다. 마지막 하나는 더 차갑게 먹기 위해 냉장고에 넣어 놓았다가, 그 존재를 잊고 그만 그 숙소를 떠나버렸다. 비행기 짐칸에 가방을 실을 때 깨달았다. 허무했다. 그건 완벽한 맛이었는데!

어쩌면 나는 여행지에서 만난 것들에 평소보다 후한 점수를 주는지도 모른다. 한국에서 파는 생크림 요거트로도 만족할 수 있으면서, 아무런 의무도 책임도 없이 그저 새로운 하루가 시작되면 그날 치의 먹을 것을 먹고, 구경할 것을 구경하면 되는 날들 사이에서 마주치는 사람이든 먹게 되는 음식이든 다 너무 좋고 완벽하다고 느끼는 것이다. 그리고 한국에 돌아오면서 그것들과는 완전히 작별한다. 그리움을 완성해주는 것은 내가 그에서 멀어졌다는 사실 그 자체다.

목욕

 숙소를 정할 때 욕조가 있는지 반드시 확인하는 연인이 생기면서 나는 목욕에 관심을 두기 시작했다. 그가 호텔을 비운 1시간 동안 나는 욕조에 물을 틀고, 세면대에서 양치를 하기 시작한다. 그건 물에 들어가기 전의 의식이자 준비다.

 물 안에 들어가 어떤 기분인가를 느끼기 위해서는 준비 시간이 필요하다. 나는 배운 대로 물에 코코넛 오일을 뿌렸다. 애인은 목욕 소금이 없을 때는 오일이라도 넣으라고 했다. 오일 병을 거꾸로 들어서 잡고 흔들면 투명한 액체가 올리브 오일처럼 뚝뚝 나왔다. 한국 돈으로 8000원밖에 하지 않는 이 오일에서는 달콤하고 자연스러운 바닐라 냄새가 났다. 누구라도 한 번쯤 먹어보고 싶어 할 익숙하고 호감 가는 단내였다.

물이 미끌미끌하고 향기로워져서, 나는 천천히 물 안으로 들어갔다.

그때까지 나에게 목욕이란 목욕탕에서 하는 것이었다. 그마저도 대중탕에 잠깐 들어가서 콧잔등에 땀이 좀 날 때까지만 앉아 있다가 나오는 것. 그렇게 잠깐 몸을 나른하게 데운 다음, 밖으로 나갔을 때 바깥 바람에 한기를 느끼는 게 내가 목욕에서 느낄 수 있는 즐거움의 전부였다. 그런데 물에 향기가 나게 하고, 물의 질감을 좀 더 부드럽고 미끄럽게도 만들 수 있다니. 그건 목욕하는 중에 더 많은 생각을 할 수 있게 만들었다.

점점 목욕을 즐기게 되면서부터, 목욕을 몽롱하고 비일상적인 상태로 들어가는 행위로 여기기 시작했다. 욕조에 있을 때 나는 편안하고 행복한 기분에 휩싸여서, 마치 태초의 인간이 자연 속에서 이런 기분을 느꼈을까 싶게 충만해하면서, 청소하는 직원도, 호텔을 잡은 연인도, 그 누구도 여기에 들어오지 않았으면 하고 바란다. 하루 중에 중요한 일을 아무것도 하지 않았더라도 저녁에 꽤 괜찮은 목욕을 했다면 오늘은 목욕이 좋았던 날, 정도로 해두고 기분 좋게 잠들 수 있다.

부여

 모든 것은 빌라에서 시작된다. 그는 이제 처음으로 자취를 시작하는 단계였다. 나는 그 후배와 연애를 시작하면서 처음으로 자취방이라는 곳에 자주 드나들게 되었다. 그의 집에 가기 전에도 다른 이들의 자취방에 놀러 가본 적은 있었지만, 어쩐지 그의 자취방만이 진짜 자취방처럼 느껴졌다. 내 칫솔이 있고, 음식물쓰레기를 복도 끝에 버려야 한다는 점과, 계단에서 집주인 아주머니를 마주친다는 점…. 나는 애매하게 인사하고 항상 비밀번호를 3초만에 눌러 집에 들어오곤 했다.

 대학가 원룸 골목 특유의 북적북적함과 쉴 새 없이 여닫히는 1층 자동문 소리가 번잡스러우면서도 정감 있었다. 나는 거기서 새벽까지 그와 시험공부를 하기도 하고, 나란히 누워

희한한 아르바이트 공고를 구경하기도 했다. 텔레비전에서 개그맨들이 음식을 너무 맛있게 먹으면, 새벽 5시까지 하는 식당에 가서 복분자주와 밥을 먹었다. 어떻게 그런 것을 사 먹을 돈이 생겼는지는 모르겠다. 아마 희한한 아르바이트 덕분이었을 것이다.

그는 나보다 뭐든 잘했다. 달리기, 운전, 외국어, 친구와 노는 것도 잘했다. 나는 그와 기숙사 길을 걷다가 같은 과 동기를 만나면 어눌하게 몇 마디를 나누거나 그러기도 조금 민망해서 돌아가기를 택하는 반면 그는 먼저 와서 팔짱 끼는 후배들이 많았다. 나는 그에게 좀 멋진 걸 보여주고 싶었다.

가끔 우리는 대학가를 걷다 캠퍼스 안까지 걸었다. 경상대 건물, 음대 건물까지 걸었다. 이 학교의 특징은 숨어들 만한 숲이 곳곳에 있다는 거다. 그가 담배를 태우기 위해 멈추는 곳은 조명이 하나도 없는 짙푸른 정자였다. 씹던 껌과 가래침이 있지만 어두워서 아무것도 보이지 않는 곳. 공기는 시원하고 맑았다. 그가 담배 한 대를 태우는 동안 나는 숨을 깊게 내쉬고 들이마셨다. 추석 연휴에 본가에 갈 것인지 하는 이야기도 했다. 나무에서 뿜어져 나온 촉촉한 공기 때문에 피로가 가시고 다시 살아나는 것 같았다.

하루는 차를 빌려 부여에 가기로 했다. 그냥 한쪽으로 계속 가면 좋을 것 같은 날에 떠올린 게 부여였다. 궁남지 가는 길에는 안개가 가득했다. 비상등을 켜고 속도를 20으로 줄였다. 여차하면 앞 차를 들이받거나 갓길로 빠질 것 같았다.

"너 부여가 얼마나 좋은지 알아? 지금은 밤이라 할 수 있는 게 없지만 낮에 가면 정말 좋아." 나는 그 애에게 내가 아는 부여에 대해 떠들었다. 부여 시내에는 좌석이 180도로 펼쳐서 거의 누워서 영화를 볼 수 있는 극장이 있다. 거긴 사라지기 전에 꼭 한 번 가봐야 한다고 말했다. 난 점점 더 의기양양해졌다. 한낮에 궁남지에 가면 탁 트인 풍경을 볼 수 있고, 말도 안 되게 긴 그네를 타는 사람들이 있다고. 나는 내가 아는 것이 이렇게 많았나 하고 콧대가 높아졌다. 그러기에 부여는 좋은 장소였다. 지금은 8월 말, 반팔 차림으로 밤이 되면 조금 시원하기도 한 여름밤이기 때문이다. 그리고 사랑하는 사람은 사랑하는 사람의 모든 말을 믿으려고 하니까. 그는 열심히 들어주었다.

궁남지에 도착했을 때는 아무것도 보이지 않아서, 연꽃과 물이 만들어내는 밤의 냄새만 조금 맡다 돌아왔다. 오고 가는 데 들인 시간이 이 밤 여행의 전부였다. 안개 속에서는 음악도

라디오도 듣지 않고 대화만 했다. 자취방으로 돌아오는 길 초입에는 운동화 전문 세탁소와 편의점이 있었다. 한 칸 남은 주차장에 차를 넣으려고 창문 밖으로 목을 빼고 낑낑대는데, 1층 자동문이 열리면서 남자애가 나왔다. 트레이닝복 차림의 그 남자는 웃으며 운전석에 앉은 나의 연인에게 주차하는 법을 가르쳐주었다. 나는 그 순간 내가 운전을 할 줄 모른다는 사실을 저주했다. 게다가 이 남자가 얼마 전 내 애인의 생일을 축하해주기도 했었다는 사실을 떠올렸다. 모든 게 좀 위험하게 느껴졌다. 빌라의 남자. 대학가의 새벽. 이리저리 조금씩 움직이는 차 안에 앉아, 여름밤의 공기에는 무척이나 좋고 무서운 것이 깃들어 있다고 생각했다.

남해에는
족구장이 있다

 같은 사람이어도 어디에서 다시 만나느냐에 따라 데면데면하기도, 혹은 반가움에 포옹하게 되기도 한다. 평소에 보는 풍경과 전혀 다른 풍경, 평소에 만나는 사람들과 전혀 다른 사람들 사이에 있으면 그렇게 된다. 그때 내가 그 사람을 보러 남해에 갔던 건, 하필 남해에서 그 사람을 보면 다를 것 같았기 때문이다. 그는 나이도 많고 할 일도 많고 걱정도 많은 사람이었고, 나는 체력이 좋았고 환상이 많았다. 그래서 내 쪽에서 그를 보러 가지 않으면 그를 볼 수 없었다.

 남해의 대학에서 열린 학회는 생각보다 규모가 컸다. 거기가 남해라는 게 좋았다. 수심이 얕고, 나무가 띄엄띄엄 있고, 언덕이 푸를 것 같았다. 거기서 내가 할 일이 있었던 것도 아니었기 때문에. 막상 갔다가 들어가기 민망해지면 돌아 나올 작정이었다. 가는 길도 즐거웠다. 새로운 세상으로 들어가는 기분. 무슨 일인가 벌어질 것 같은 느낌. 가족 나들이를 가고 식재료를 이 지역에서 저 지역으로 운송하는 트럭들 사이에 나도 달렸다. 휴게소를 하나씩 지날수록 그 사람이 있는 남해와 가까워진다는 게 실감 났다.

'내가 그를 이렇게나 좋아했나?' 하고 생각했다. 집에 누워서 선풍기를 쐬면서 잠들기만 해도 좋은 이 여름날에 거기까지 갈 생각을 하다니. 아무도 부르지 않은 자리에 가다니. 그런 건 거절당하는 것을 가장 무서워하는 현대인에게 있을 수 없는 일이었다. 사랑이 아니라면 할 수 없는 일이었다. 그것도 아주 이상한 사랑.

그를 만나러 가는 길에는 그의 생각을 하지 않을 수 없었다. 자연히 내가 그를 처음 보았을 때를 떠올렸다. 한 가닥씩 한다는 사람들이 모인 회의 자리에서 그를 보았다. 나는 잘못 온 사람처럼 앉아서 그저 이 회의에서 내 발언 시간이 돌아오지 않기를 바라고 있었는데, 회의가 시작되기 전부터 이미 사람들이 모공과 숨으로 뿜어대는 야망에 질려버렸다. 탐욕이 덕지덕지 붙은 사람들 틈에 그는 좀 기름기가 없는 얼굴을 하고 있었다. 거기서 나눠준 펜의 뚜껑을 열어서 종이에 사인하고, 옆 사람하고 작게 이야기하고, 섬세한 얼굴에 비해 목소리가 날카롭고 분명한 것도 신기했다. 나는 그가 어떤 사람인지 전혀 모르겠다는 생각이 드는 동시에, 나만이 이 사람을 알 것 같다는 생각을 했다. 이 이상함이 그의 주변을 몇 해째 맴돌게 했다. 그동안 나에게 연인이 없었던 것도 아니다. 하지만 나는 연인이 있을 때도 그를 생각했다. 그의 회사 근처에 갈 때나 그가 쓴 책이 나왔다는 소식을 들었을 때도.

한낮 동안 머금은 지열이 아직 남아 있긴 했지만, 시멘트를 바른 실내 특유의 한기가 감도는 공기가 어깨를 움츠러들게 했다. 서울과 근처 도시에서 외부인들이 타고 온 차들이 대학 주차장에 가득 주차된 모습이 이곳 풍경과 따로 노는 것 같았다. 그 사이로 다른 사람들과 함께 걸어가는 그가 보였다. 그가 나를 본다면 갑자기 여기 나타난 내가 너무 이상해 보일 것 같았다. 남해 운동장에서 철봉이나 하다가 온 것으로 생각해주기를 바랐다. 그 사람을 보고 싶어 하는 내 마음이 너무 진심이었기 때문이다. 나는 어떤 거짓말을 해야 할지 좋은 수가 생각나지 않았다. 이 주제에 나도 관심이 있어서? 내 꿈이 실은 이쪽이라서? 아무튼 사랑은 아님. 너를 사랑해서 여기까지 온 것은 아님.

얼간이처럼 그를 처음 만난 회의 자리 이후, 그가 20대 시절부터 쓴 글들을 모조리 읽었다. 그의 감정이나 내면이 담긴 글을 읽고 싶었지만 그런 것은 하나도 없었다. 죄다 연구나 정책에 관한 글들이었다. 여성 어민들의 삶을 나아지게 하는 정책 연구에서 그의 개인적인 취향이나 인간성을 느끼려면 느낄 수 있었지만, 나는 좀 더 원했다. 그를 알고 싶었다. 그에게 사랑받는 것보다 그게 중요했다. 내 눈앞에 있는 그가 어떤 사람인지 아는 것. 나라면 분명 할 수 있을 것 같았다. 그가 발견되기를 원하는 부분을 내가 발견해줄 수 있을 것이었다.

내 생각보다 우리는 빨리 마주쳤고, 그는 나에게 아무것도 묻지 않았다. 그래서 나는 어떤 거짓말도 하지 않을 수 있었고, 어떤 진실도 말하지 않을 수 있었다. 그는 약간 놀란 표정으로 나에게 커피나 차 중에 어떤 것이 좋겠는지 물었고, 나는 둘 다 괜찮다고 했다. 그의 얼굴을 보고, 내 얼굴을 보여줬으니 이제 됐다는 마음이 들었다. 며칠 전부터 고대했던 만남이라기에는 시시했지만, 이렇게 당장은 아무 일도 일어나지 않는 것이 내가 아는 인생이긴 했다.

돌아오는 길에 남해군의 시내를 통과했다. 꼼장어집, 프린트가 가능한 PC방을 지났다. 낮에 내가 있었던 건물로부터 얼마나 멀어지는지 느끼면서 그곳을 빠져나왔다. 터널의 불빛조차 나에게 어떤 말을 하는 것처럼 느껴졌다. 이상해진 마음을 가눌 길이 없어, 차를 돌려 가까운 운동장으로 향했다. 푸른 잔디가 깔린 운동장. 돌계단을 밟아 내려가는 내 발소리만 들렸다. 밑창이 흙을 비빌 때 나는 소리…. 아무도 찾지 않는 운동장에는 족구장이 있다. 사방이 뻥 뚫려 있어 바람이 시원하게 분다.

도시의
감정 지도

지인은 가끔 일이 끝나면 혼자 바에 간다. 거기 가서 누군가 자기에게 말을 걸어주길 바라면서. 하지만 막상 말을 건 사람이 자기의 마음에 들지 않을 때는 그 사람의 한심함이 자신의 한심함이라도 된다는 듯이 복잡해하면서…. 하지만 그의 관심마저 없었다면 얼마나 비참했을까 생각하면서 그와의 대화를 좀 더 이어가기도 한다. 허전해하면서 술집에 앉아 있는 것이 그 사신의 허선함을 더 키운다는 것을 알면서도 어쩔 수가 없다.

구글맵에 좋아하는 장소나 가보고 싶은 곳을 표시한다. 그중에는 신도시의 와인바가 있다. 심심한 밤에 와인바를 검색해보다 찾았다. 더워 죽겠을 때는 얼음을 넣은 화이트와인을 마시는 게 좋다. 이 와인바는 신도시의 숲길과 면하고 있어, 노천 테이블에 앉으면 잔디에서 끼치는 풀냄새가 술 마시는 기분을 얼마나 올려주는지 알 수 있다.

찬 술을 마시면서 몸속의 열기를 키우는 것이 여름밤에 내가 즐기는 일이다. 마냥 친한 친구들이랑 가기에는 조금 머쓱하고, 일 끝나고 동료들과 우르르 가서 마시는 것이 좋다. 혹은 아직은 친하지 않지만, 앞으로 매우 친해질 가능성이 있는 궁금한 사람 하나 정도가 포함되는 편도 좋다.

잎이 큰 식물들과 교회 돌바닥 같은 찬 바닥, 모습을 드러내지 않는 주인이 온전히 술과 밤에만 집중할 수 있게 돕는다. 술집 내부에는 서로만 바라보는 커플들도 있긴 하지만, 자기를 좀 봐줬으면 하는 사람들과 그런 채로 다른 사람들을 열심히 보는 사람들이 섞여 있다. 그런 사람들이 만들어내는 동물적인 기운과 연한 향냄새 속에서 술을 먹으면 아무 일이 일어나지 않더라도 중요한 장면 속에 있는 느낌이 난다.

약간 다른 기분으로 밤을 보내고 싶을 때 떠올리는 가게들이 몇 군데 있다. 집에서 194킬로미터 떨어진 카페. 가려다가 못 간 민박집. 내려다볼 때 전망이 좋다는 바다 근처 횟집. 그러니 누군가의 구글맵에 표시된 가게들을 우연히 보게 될

땐 조심하시길…. 그 사람에 관한 내밀한 정보를 얻게 될 수도 있고, 어쩌면 그와 당신이 너무 비슷한 시절을 보냈다는 것을 알게 될지도 모른다. 나는 가끔 공간에 얽혀 있는 기억이 너무 무섭다는 생각을 한다. 언제든 그곳에 가면, 그곳에 자주 드나들던 시절이 한꺼번에 딸려 나오기 때문이고, 그맘때 자주 어울리던 사람을 다시 그때처럼 소중히 여기게 되기 때문이다. 그럴 때는 현재라든가 지금의 여건이라든가 그런 게 하나도 중요하지가 않다. 오로지 과거의 기억과 그때의 감정만이 중요해진다. 장소가 없어지는 것도, 장소가 그대로 있는 것도 전부 큰일이다.

**밤 공원
산책**

 친구들은 내 집에서 신기하게 움직인다. 내가 이 공간을 쓰지 않는 방식으로 쓴다. 친구가 내 책장 앞에 앉아서 이 책 저 책 꺼내보는 걸 구경하는 게 좋다. 그러려고 책과 소파를 마련한 것 같은 착각이 들 정도다. 그중 한 명은 내가 어렸을 때 아주 많이 좋아했던 사람으로, 거의 사랑까지 했다고 볼 수 있다. 그는 나보다 읽은 책도 많고 아는 시도 많아서, 내가 그의 집에 놀러 갔을 때 나는 처음 보는 시집과 세계문학을 만져 볼 수 있었다. 그가 좋아하는 것은 다 좋아할 만한 이유가 있는 것 같았다. 그리고 반대로 그가 내 책장을 구경하는 지금은, 그가 좋아하는 게 하나라도 있기를 입 꾹 닫고 기다리게 된다. 그에게 합격점을 받고 싶다.

김유림 시인의 시 〈하나의 사랑〉에는 공원을 산책하는 인물들이 등장한다. 영화를 보고 나와 공원을 걷는데 일행이 그 시를 보여줬다. 그 시가 너무 좋아서 귀퉁이를 열어서 들어갈 수 있으면 좋겠다고 생각했다. 그 시는 슬프고 아무 일도 일어나지 않아서 좋았다. 나는 공원을 뱅뱅 돌며, "정말 네가 쓴 거 아니야?"라고 여러 번 물었다. "아니라니까." 내가 쓴 거면 좋겠다.

　　이번에는 내가 그 시를 다른 사람에게 보여주었다. 그는 시가 어떻게 느껴진다느니 그런 말은 하지 않고, "넌 이 시가 왜 좋아?"라고 물었다. "나는 이런 게 좋아. 속에 뭔가 들끓는데 아무 말도 하지 못하고 그냥 걷기만 하는 거. 아무 일도 벌어지지 않는 거." 그게 내가 사랑에서 느끼는 가장 큰 고통이자 달콤함이어서 그런지 나는 영화에서든 소설에서든 그런 장면만 나오면 갑자기 주인공들이 나와 너무 가까운 사람처럼 느껴지곤 했다.

　　연애가 끝난 뒤에도 언제 만나도 애틋한 이 사람과 딱히 할 일 없이 앉아 책장을 구경하는 동안에도 내가 저녁에 같이 하고 싶은 것은 중학교 운동장 돌기. 그런 거다. 한 바퀴만 더 돌자, 그리고 가는 길에 동네 구경하자. 절이 잘 있는지 보자.

성당에서 미사 드리고 있는지 보자. 그렇게 같이 있는 시간을 조금씩 더 늘리는 게 좋다.

우리는 학교 운동장에서 트랙을 따라 걸었다. 자정이 넘었는데 어떻게 이렇게 불량배 하나 없을까? 개 산책을 미처 못한 사람들이 나와서 걷고 있었다. 나무가 아주 많은 곳도 아닌데 거기만 들어가면 공기가 다른 것 같았다.

저녁의
정글짐

정글짐은 학교 운동장에도, 동네 놀이터에도 있다. 어릴 때 나는 놀이터의 기구 중에 정글짐을 가장 만만하게 여겨, 호기롭게 들어갔다가 잘 못 나오곤 했다. 가끔 벤치 대신 정글짐 꼭대기에 앉아 있는 애들도 있었다. 거기는 은근히 올라가기가 힘들다. 인내심과 끈기가 필요하다. 겉보기엔 아무것도 아닌 것 같아도, 막상 그 안에 들어가서 움직이다 보면 거대한 미로에 갇힌 기분이 들 때도 있다.

소년 야구를 하는 것도 아니고 누가 축구에 끼워주는 것도 아니었는데 혼자 어딜 그렇게 돌아다닌 것일까? 뙤약볕에도 반드시 나가 땀을 삐질삐질 흘리며 돌아다녔다. 놀이터에 나가 있다 보면 말을 붙여오는 아이가 있었다. 하루 재밌게 논

아이와 다시 만나는 일이 없을 때도 있고, 학교에 입학하고 보니 그가 나보다 두 살은 위였다는 사실을 알게 되기도 했다.

성인이 된 후에는 학교 운동장을 지날 때 그 안을 들여다보곤 한다. 오후 늦은 시간에는 강당에도 운동장에도 아이들이 없다. 흙장난에 빠져 있는 아이들을 보면서 나의 어린 시절을 생각하기도 하고, 그들이 뿜어내는 현재의 생명력과 제한 없는 호기심을 나도 느끼고 싶어진다. 햇볕에 그을린 목, 쇠 냄새가 나는 손, 정글짐 안에서 이리저리 비틀리고 꼬이는 유연한 몸. 아무것도 아닌 놀이에 열심인 모습이 이상한 그리움을 느끼게 한다. 열심히 학원 차를 타러 뛰어가고, 문구점에서 산 불량식품을 열심히 먹는, 순수하고 비효율적인 모습 말이다.

저녁이 되면 낮 동안 햇빛을 받은, 아이들의 손을 타느라 달궈진 기구는 식고, 놀이터를 찾는 사람은 없다. 정글짐에 앉아 있는 애도 어른도 없다. 나는 그럴 때 놀이터 한쪽에 앉아서 흙냄새를 맡고, 동전이라도 주우면 떨 듯이 기뻤던 어린 시절에 관한 생각을 하나라도 더 해보려고 애쓰고, 그러다 생각나는 게 별로 없어서 돌아 나온다. 어린 시절에 아주 중요한 것을 두고 온 기분이 든다. 그게 뭔지는 모르겠다. 복도에서 뛰고, 봉에 매달리고, 아무것도 없는 문틈에서도 놀 것을 찾아

내던 마음이나 상태 같은 것을 찾아다니는 듯하다. 모르는 사람의 땀냄새 나는 몸과 부딪치고, 벽과 바닥에 아무렇게나 몸을 문대던.

여름방학

방학이 되면 나는 학교나 학원에서 만난 아이들과 어울리면서 개발이 덜 된 동네를 쏘다녔다. 대전에 지하철이 생기기 전이고, 우리 동네 아이들은 시내하고도 멀었기 때문에, 학교에서 숙제로 미술관 방문, 엑스포과학공원 방문 같은 걸 내주지 않으면 바깥 동네로 나갈 일이 별로 없었다.

그때를 떠올려보면 아파트 뒷 화단에 쪼그려 앉아 벽돌의 표면을 오래 들여다보던 것이나, 아무도 없는 초등학교의 주변을 돌아다니며 담도 넘어보고 아무도 잡으러 오지 않는데 괜한 스릴을 즐기며 시간을 보냈던 기억이 난다. 회색 돌과 빨간 벽돌로 이루어진…. 그렇게 시장과 도서관, 목욕탕, 교회 근처를 지나다니며 어른들이 말하는, '어느 집에 도둑이 들어

이사를 갔다 하더라' 하는 이야기를 엿듣기도 했다. 해가 지면 갑자기 너무 쓸쓸해져 도망치듯 집으로 빨리 달려갔다.

우리 집에는 주황색 가죽 소파가 있었는데, 거실 불을 켜면 집이 더 환해지는 효과가 있었고, 불이 꺼진 집은 왠지 더 음침해 보이는 구석이 있었다. 여름에는 시원하고, 누웠다 일어나면 쩍, 하는 소리가 났다. 머리 뒤로는 베란다가 있어 바깥 풍경이 보였다. 침엽수 몇 그루. 어릴 때는 베란다 방충망을 열어서 뒤로 넘어 다니곤 했다. 거기서 동네 아이들은 한발두발 게임을 하기도 하고, 베란다로 엄마를 크게 불러 물을 얻어먹기도 했다. 나는 한발두발이든 소꿉놀이든 제대로 참여한 적은 별로 없고, 구경하거나 가끔 아기 역할을 맡아 깍두기처럼 있었다. 그쪽이 나도 편했다. 내 역할이 조금 희미해지는 듯하면 얼른 베란다를 넘어 집으로 가면 되었으니까.

그 주황색 소파에는 두통에 시달리는 엄마가 누워 있을 때도 있고, 담배 냄새를 풍기는 아빠가 누워 있을 때도 있었다. 나는 가끔 그 깜깜한 거실에서 아빠의 짧은 머리를 묶어주겠다며 잡아당기기도 했다.

나만큼이나 방학과 개학의 경계가 없는 아이들이 있었다. 집에 놀러 가도 엄마가 없고, 꽤 높은 확률로 밤에도 엄마가 없으며, 어린 동생만 아니라면 언제든 불러내서 놀 수 있는 친구들. 나는 그런 아이들과 우리 집에서 컴퓨터게임을 하며 놀거나, 라면을 먹고, 수영장에 갔다. 또래보다 말수가 적고 표정도 별로 없는 그 애들과 있을 때 더 편안했던 것 같다. 가끔 생각이 나면 인스타그램에 그 애들의 이름을 검색해보는데, 한 번도 계정을 찾은 적이 없다. 그 사람들을 현실에서 더 이상 만날 수 없다는 것이 특히 마음에 들었던 것인지도 모르겠다.

어릴 때 혼자 있었던 시간이 많은 아이들은 커서 어떻게 살고 있을까? '내가 그랬나? 어릴 때라 기억이 잘 안 나.' 그렇게 이야기할지도 모르겠다. 가정을 이루었거나 눈코 뜰 새 없이 바쁠 것이다. 얼마 전에는 엄마 친구 아들의 소식을 들었다. 어른들에 의해 만나, 어른들에 의해 헤어진 사이. 놀이터에서 흙놀이를 하다가 또 그 집 엄마가 집으로 돌아갈 때 개도 영문 모르고 인사하고 사라지는 그런 사이였다. 정헌은 얼굴이 까맣고 볼에 흉터가 있고 말수가 적은 애였다. 나보다 몇 살 많은 사람을 두고, "걔 잘 지낸대? 정헌이 착했는데" 하고 말하는 것은 어린 시절에 만나봤던 사람들끼리만 가능한 특별 대우다. 아마 그런 기억 없이 길에서 만났다면 '왜 저 녀석은 어깨를 안 피하지?' 하고 저주를 내렸을지도 모르는데….

성북동의
여름

 나는 경복궁에서부터 땀에 젖어 있었다. 그의 차를 타고 성북동 집 앞에 도착했을 때까지만 해도 그 내부가 그렇게 좋을 줄은 상상하지 못했다. 현관에 들어섰을 때, '아니 무슨 집이 이렇게 좋아?' 하고 생각했다. 어떤 정적인 고요함과 생활감이 있었다. 밟아서 올라갈 수 있는 나무 계단이 있고, 내가 움직이는 소리 말고는 아무런 소리도 들리지 않으며, 오로지 이 집 사람들의 고요하고 평온한 생활만을 위해서 설계된 내부처럼 생겼기 때문이었다. 걔는 그렇게 좋은 집에서 담배를 태웠다. 엄청나게 좋은 소파에서. 내장 안의 부드러운 기름처럼 생긴 베이지색 소파였다. 걔 몸보다 세 배는 큰 것 같았다. 걔는 찰랑거리는 검은색 옷을 입고 있었다.

의자에 몸을 쑤셔 넣고 앉아서 가까운 데 재떨이를 놓고 담배를 태우는 모습을 보았다. 봐도 되나 싶었다. 나는 병이 걱정돼 담배를 태우지 않는데, "끊어야지" 하고 말하면서도 진짜로는 끊을 생각이 없는 사람은 대담해 보이는 면이 있다. 나의 건강염려증이 심할수록 그의 그런 모습에 매혹되곤 했다. 육체는 어떻게 되든 상관없다는 태도…? 동물적으로 강한 인상? (저렇게까지 자신을 해쳐도 괜찮다니) 먹을 것도 아닌데 빨아들인다는 점, 거기서 매캐하고 단 냄새가 난다는 점, 타인과 있으면서도 그 순간 자신의 감각에만 집중한다는 점도 좋았다.

그는 소파에 앉아 있고 나는 바닥에 누웠다. 불을 켜지 않은 방이었는데 책은 읽을 만했다. 나는 그의 집에 옛날 책부터 요즘 책까지 있는 것이 좋았다.

그의 어머니가 저녁 식사를 준비해주셨다. 채소만으로 이루어진 튀김이나 아무튼 집에서 먹어본 적이 없는 것들이었다. 내가 더위에 이고 지고 오느라 싱해비린 듯한 쑥 막걸리를 우리는 한 잔씩 나눠마셨다. 시큼한 맛이 원래 그 술맛인지, 이 집까지 오는 동안 상해서 그런지 알 수는 없었지만…. 어머니는 호방하고도 다정하게 말씀하셨다. "이런 게 몸에 좋아요."

우리는 식탁에서, 서로 최근에 쓴 글을 인쇄해서 바꿔보기로 했다. 둘 다 종이를 높이 들고, 얼굴을 거의 가린 채로 어디가 어떻게 좋은지 이야기했다. 연필로 쭉쭉 그은 문장들에 대해 말하고, 어디서 웃었는지 말했다.

가족들은 딱히 인사를 하고 나가는 것 같진 않았는데, 집이 하도 넓어서 어디 있든 둘만 있는 느낌이었다. 고양이만 조용히 움직였다. 바깥에서부터 묵직한 종소리가 몇 번 들렸다. 근처에 있는 절에서 울리는 소리라고 했다. 그날 합평한 종이를 바꿔 가졌는데, 그 종이가 그의 가족 중 한 사람의 실비보험 내역이 적힌 종이라는 것은 뒤늦게 알게 되었다. 그날 그 집에서 느낀 정적이 가끔 생각난다. 그는 지금도 그 집에서 그렇게 살고 있을까? 저녁이면 종소리를 듣고, 병원 영수증 뒷페이지에 인쇄를 하고, 채소튀김을 먹으며.

내가 사랑하는
지하실

어떤 것을 보고 좋으면, 이것이 왜 이렇게까지 핵심적으로 좋은지 설명하고 싶은 유혹에 빠진다. 사실 모든 좋은 것들이 전부 그렇다. 이 길을 통과할 때 어떤 느낌이 나는지 마구 떠들고 싶고 규명하고 싶다. 앨리슨 벡델의 만화를 볼 때도 그랬다. 벡델은 각주에 이런 문장을 썼다. "스스로의 고독에 짓눌려 편히 쉴 수 없는 이들을 기꺼이 환영하는 지하실."(벡델 만화 각주) 앞뒤 내용은 잊었어도 그 말이 나를 섬시시켰다. 무언가 목격한 사람이 하는 말처럼 느껴졌다.

그런 느낌은 최정례 시인의 시를 읽을 때도 비슷하게 왔다. 최정례 시인의 시집이 나왔을 때, 최정례 시인이 작고했을 때, 나에게 최정례 시인의 시를 소개한 열무에 관한 생각을 했다. 어떤 때 어떻게 최정례 시인을 알게 되었어도 그건 좋았을 테지만, 그것이 열무라는 사람을 통해서 나에게 왔기 때문에 나는 더 빨리 직접적으로 그것이 좋다는 걸, 그리고 그것이 중요하게 좋다는 걸 인정할 수 있었다.

인생의 지긋지긋함, 구질스러움, 뒤통수를 치는 면, 그리고 그 모든 것을 한층 더 야속하게 만드는, '공유할 방법 없음, 공유할 사람 없음'. 그 자리에서 고독이 생겨난다. 말하자면 그 고독을 이해하는 사람으로서 열무는 나에게 중요한 사람이었고, 그가 최정례 시인을 좋아하는 건 당연한 일이었다. 그 뒤로 나는 그의 작품을 찾아 읽었다. 그를 언급하는 모든 작가를 좋게 생각했다. 그와 특별한 우정을 나눈 이수명 시인의 글은 물 탄 연두색 표지의 계간지에 실려 있다. 그 글이 떠오르면 반드시 하루 이내에 찾아 읽어야만 한다.

저버릴 수 없는 느낌, 삶과 내가 눈을 마주쳐버렸다는 생생한 실감이 든다. 시인과 만화가가 내가 목격하고 느꼈던 비밀과 겹치는 데가 있다고 느끼는 것이다. 무언가를 만들어내는 사람은 자신이 인생에서 목격한 진실을 나름대로 말하고 싶어 하는 중인 거라고 생각한다. 그리고 그들의 존재는 그것을 필요로 하는 사람들에게 반드시 보이는 지하실이다. 스스로의 고독에 짓눌려 편히 쉴 수 없는 이들을 기꺼이 환영하는. 짓눌렸던 만큼 거기서 해방감과 오래도록 사라지지 않는 쾌락을 느낄 거라는 걸 알 수 있다.

돌아갈 수 없는
여름

1.

내가 가고시마의 무엇에 그렇게 매혹되었는지 모르겠다. 푸른 하늘이나 반바지 차림으로 걷던 느낌 같은 것이 영향을 미쳤을 것이다. 좋아하는 사람을 따라간 것이었는데, 그가 오라고 부른 것도 아니었고 그렇다고 내가 가고시마에 관심이 있는 것도 아니어서, 일정한 거리를 두고 따라다녔다. 그러는 동안 이런 것을 보았다.

그는 우리가 남쪽으로 갈 거라고 했다. 가는 길에 미야자키현의 달콤한 고구마 맛을 볼 수 있으며, 운이 좋으면 열차에 탄 채로 끝없이 이어지는 푸른 바다를 볼 수 있으리라는 이야기를 들었다. 가고시마에 가면 화산을 볼 수 있다고도 했다.

덜컹거리는 전철에서 속닥거리는 세 할머니와 교복 입은 학생들 사이에 끼어 손잡이를 잡고 팔 사이로 내다본 바깥이 내 상상보다 좋았다.

가고시마의 대낮은 훌륭했다. 정말 낮 같은 낮이었다. 건물들이 낮고, 생활 공간에서도 야자수를 볼 수 있었다. 아침에 일행보다 일찍 일어났다. 물을 한 모금 마시고, 주변을 돌아볼 생각으로 밖으로 나갔다. 이제 슬슬 문을 열기 시작한 과일가게나 노점상, 그리고 졸졸 흐르는 강과 그 옆을 자전거로 지나는 학생 한두 명의 모습이 매우 일상적이면서도 새로운 세계로 들어온 듯한 느낌을 주었다.

밤에는 사람이 없고, 조용했다. 체육관을 나오는 소년들과 동시에 호텔 안에서 조폭들이 마약 거래를 하고 있을 것만 같은 오묘한 분위기가 동시에 풍겼다. 배낭을 매고 수수한 구두를 신은 그 아이들이 이 마을에서 생활하고 있다고 생각하니 평화로운 애니메이션을 보았을 때처럼 감동적이고 신비로운 느낌이 들었다. 내가 그 생활과 이곳의 아름다움을 이런 식으로밖에 알 수 없으리라는 마음에서였다.

2.

그때는 숙소에서 화산을 바라보며 이 풍경의 특별함이 마치 우리 사이의 특별함인 것처럼 황홀해하곤 했다. 매일같이 투숙객들이 같은 자리에서 그런 생각을 하는지도 모르고.

호텔에서 조금만 걸으면 바다가 보였지만, 해수욕장 같은 분위기는 아니었고 주민들이 방재 벽을 따라 걸을 수 있는 산책로에 가까웠다. 밤의 동네 풍경은 이 세계 같았다. 숙소에서 5분만 걸으면 까만 밤바다가 보였고, 문을 열어놓는 격투기 센터, 그 앞에 얇은 자전거들이 차곡차곡 세워져 있는 길, 24시 대형 버거 가게가 있었다.

기차가 천천히 지나갈 때 작은 주택과 거기에 딸린 평상이 보였고 거기에 몇 시간이라도 누워 있고 싶었다. 거기에 사는 건 상상도 안 됐다. 너무 아름다운 곳에서 일상을 보내는 일은 좀처럼 상상하기 어려운 일이다. 사진을 한 컷도 찍지 않았는데, 그래서인지 그때를 생각하면 정말로 내가 그곳을 본 게 맞는지 싶다. 귀로는 열차 달리는 소리가 터질 듯 들리고 몸은 흔들리고 창밖으로는 쨍한 푸른 하늘이, 내가 한 번도 들어가보지 못한 바다가 있었다.

하루는 쇼핑몰에 갔다가 대관람차를 탔다. 식물 옆에서 춤 연습을 하는 아이들과 대관람차를 타기 위해 기다리는 학생들이 있었다. 일행과 나는 대관람차에 탔고, 마주 보고 앉아서 흔들리는 풍경을 바라봤다. 약간 무섭고 못 미더웠지만 타기를 잘했다고 생각했다. 타기 전에는 높은 곳에서 풍경을 내려다보면 좋겠다고 생각했지만, 막상 타보면 그 공간 안에 더 집중하게 된다.

대관람차에서 내려서 다시 짐을 챙기고 돌고래 인형을 안고 호텔로 가는 버스를 탔다. 오후 4시쯤의 햇빛이 강하게 들어왔다.

3.
문득 가고시마가 등장하는 글을 읽고 싶다는 생각이 들었다. 나는 하늘색이라면 그것이 니트건 스니커즈건 한 번쯤 돌아볼 만큼 좋아하는데, 가고시마의 하늘은 정말로 하늘색이었다. 다른 사람들은 가고시마의 하늘색을 뭐라고 이야기하는지 읽고 싶어졌던 것이다.

다시 가고시마에 가게 된다 하더라도 그날의 기분을 느

낄 수는 없을 것 같다. 밖에 나가 걷기만 해도 좋은 가고시마에 왜 다시 가지 못하는가 하면, 겁이 나기 때문이다. 내가 그날 아침 마음에 한 점 불안함이나 두려움 없이 숙소 근처를 느긋하게 산책하고 돌아온 건 호텔 방 침대에 내가 사랑하는 사람이 잠들어 있었기 때문이다. 그가 자고 일어나면 내가 본 것들을 그에게 마음껏 이야기할 수 있었기 때문이다.

그때 열차 안에서 본 기막히게 푸른 바다와 열차 안으로 쏟아져 들어오던 햇살, 그리고 꾸벅꾸벅 졸던 사람들을 혼자서 다시 본다면 나는 아마 견딜 수 없이 외로워질 것이다. 안내방송에서 흘러나오는 일본어는 적국의 언어처럼 멀게 느껴질 것이고, 바다가 아무리 가까이 보여도 즉흥적으로 내려서 벤치나 모랫바닥에 앉아볼 기분 같은 건 나지 않을 것이다. 자판기를 찾아다녀도 그때 그 딸기 홍차를 찾지는 못할 것 같다.

여행이라는 게 같이 간 사람에게 달려 있다는 걸 알았더라면, 그때 조금 더 많이 걷고 많이 바라볼 걸 그랬다. 그때 나는 그 행복이 계속될 줄 알고, 이 좋은 델 이제 알았으니 자주 여기에 와야겠다고 떵떵거렸다. 버스를 타러 가는 길, 땀에 젖은 내 머리와 티셔츠가 이상해 보일까 봐 걱정하는 대신 그의 눈을 마주 보고 한 번 더 웃을 걸 그랬다.

국립서양미술관
가는 길

 도쿄를 여행하던 날 나는 뭔가 그럴듯한 걸 해야 한다고 생각했다. 지나치게 관광객스럽지는 않으면서도, 나중에 떠올렸을 때 어쩐지 뿌듯한 그런 정도의 일. 그럴 때 생각한 것이 미술관이다. 미술관에서 파는 예쁜 물건을 살 수도 있고, 어쩌면 건물이 멋있어서 앉아 있기만 해도 좋을지도 모른다고 생각했다. 길을 찾는 데 한참 걸렸다. 막상 미술관에 도착한 건 미술관이 문을 닫기 직전이었다. 그래서 나는 미술관보다도 가는 길을 더 기억하게 되었다.

 센소지에서 국립서양미술관 가는 길에 작은 카페가 있다. 구글맵에 검색하면 쉬는 시간이 없고 확실한 여성향이라는 리뷰가 나온다. 문을 열고 들어갔다. 직원이 귀엽고 예쁘다는 말은 왜 자꾸 하는 것일까. 볶음밥을 시켰다. 다 보이는 주방에서 사장이 밥을 볶았고, 빛이 들어와서 얼굴이 잘 안 보였고, 나는 휴대폰 충전을 부탁했다. 볶음밥에서 귀여운 냄새가 났다. 할 일이 없어 메모를 했다.

'여기는 되게 영화 같은 곳이다. 낮 시간에 붐빈다면서 햇빛도 들어오고, 손님은 나하고 모녀뿐이다. 방금 점원이 내게 사라다를 추가할 거냐고 물은 것 같은데, 볶음밥이랑 아이스커피를 달라고 했다. 이런 데서 주는 커피는 에스프레소도 드립도 아니고… 마실 커피 같은 거다. 예의 바르다는 말 들으려고 밥을 긁어 먹었다. 버터 냄새가 난다(북해도일까).'

여기까지 쓰고 있는데 직원이 나타나 물을 더 따라줬다. 나는 그에게 빼빼로를 줬다. 편하다… 좋다… 행복하다…. 난 '여성향 카페'와 잘 맞는다. 볕이 든다. 음악은 재즈다. 잘 모른다. 재즈바 두 곳을 찾아놨는데 저녁에 일하는 시간하고 겹친다는 것만 안다. 이 카라멜색 소파 편하다. 메론 소다를 판다. 직원과 사장이 분주하다. 작은 햄과 작은 피망, 옥수수를 넣고 밥을 볶느라 그렇다. 둘은 옷도 맞춰 입는 것일까? 온통 만화 같다. 다른 카페에서 마셨던 커피에 비할 수 없을 정도로 쓰다. 못된 맛이다. 하지만 난 여기가 좋다. 'カフェ katsura(카

페 가쓰라).' 거기서 그걸 먹고 미술관에 갔다. 가서 뭘 봤는지 기억나지 않는다. 쾌적한 미술관 의자에 앉아 있었다. 컵을 샀다. 미술관을 나왔을 때는 오후 4시쯤이었는데, 깃을 세운 사람들이 바람을 피해 걸어다니고 있었다. 나는 가방에서 나는 달그락 소리를 들으며 숙소로 돌아가는 길을 찾았다. 그 카페에 가기 위해서 미술관에 온 것 같다는 생각이 들었다. 하필이면 그렇게 밝은 시간에 말이다.

비수기의
레몬

 우리의 1월 오키나와 여행이 얼마나 어리석은 것이었는지를 이야기했다. 오키나와로 떠나는 항공권을 결제하고 나서부터. 하지만 미야코 공항에 내렸을 때, 공기는 우리가 한국과 얼마나 다른 곳에 와있는지 알려주었다. 바람은 부드럽고 따뜻해 외투를 벗게 되었고, 샤워를 마친 욕탕에 들어가는 것처럼 부드러운 습기가 피부를 감쌌다. 야구 옷을 입은 사람들과 훈련에 관해 이야기하는 사람들이 일본어를 더듬거리며 렌트카를 예약했고, 나는 손에 짐을 잔뜩 들고 있는 사람치고 기분이 아주 좋았다. 그것은 전적으로 날씨 덕이었다. 작은 차에서 평범한 스피커로 음악을 들으며 이국적인 길을 달리는 일만으로 이렇게 좋다니.

일단은 배가 고팠다. 아이스커피를 구할 수 있는 곳이 있기를 간절히 바라고 있었다. 미야코지마에 가서 한 것은, 사람들이 미야코지마에 가서 할 법한 것들을 제외한 모든 것이다. 비가 내린 뒤 젖은 까만 길을 40분 동안 걷기, 아보카도 덩어리가 씹힐 때마다 레몬 향이 나는 과카몰리를 기름 맛 나초에 얹어서 먹기, 기침하는 할아버지 뒤에서 기침하는 할아버지를 경멸하는 할머니의 표정을 보고 몰래 웃기. 술집에서 마파두부 먹기. 바다거북을 보거나 스노클링을 하거나 카약을 예약하지도 않고, 해수욕을 하지도 않았다. 하지만 그 정도로도 바다에 다녀온 기분은 났다.

호텔에는 오래된 가구들이 있었고, 라디오를 들을 수 있었다. 평소라면 올려다보지 않을 각도로 고개를 꺾어서 하늘을 보기도 했으니까 말이다. 오리온 맥주를 연거푸 세 잔 마시고 나와서 밤하늘의 오리온자리를 보기도 했다. 나는 끝내 일행이 가리킨 별자리를 눈으로 찾는 데 실패했다. 하지만 어디서든 올려다보는 달은 하나라는 것이 좋았다.

'산시로', 문 닫아서 못 감. 그 대신 '친한 친구'라는 이름의 술집에 가기로 했지만 거기도 닫혀 있었다. 4시가 되면 카페가 닫고, 7시가 되면 식당이 닫고, 휴일에 술집이 닫는 곳에 사는 것은 어떤 일일까. 화분을 내놓고 사는 노란 불빛의 집들을 지나가며 생각했다. 아무렇게나 자란 오래되고 굵은 나무, 밝은 흰색에 가까운 돌바닥, 그런 것이 만들어내는 한적함.

짧은 머리 소년들이 윗옷을 벗고 걸어 다닌다. 쪼그려 앉아 들풀을 보고 있다. 오늘은 길에서 누군가 떨어뜨린 새 담배를 보았다. 친구들에게 갖다주니 재떨이에 버리라고 했다. 식당에서 밥을 먹고 나와 옆에 사람이 살지 않는 듯한 주택을 구경했다. 밖으로는 논밭 공장 소리가 들렸다. 빛이 사방으로 아주 잘 들어왔다. 호스로 물을 뿌리기도 했던 모양이다.

문밖으로 나가면 해변이 있어서 아무 때나 물에 뛰어들어 수영할 수 있으면 좋겠다고 생각했다. 숙소에서 바다가 보이긴 했지만, 배들이 정박해 있는 항구였기 때문에 수영을 하긴 어려워 보였다. 진정한 의미에서 이 계절의 주인이 될 수 없는 것 같다. 4월의 흐드러진 벚꽃에서도, 밤하늘의 오리온자리 밑에서도 이런 멍청한 기분은 아니었다. 오직 여름, 해변, 뜨거운 태양과 물을 번갈아 가며 느끼는 동물적인 낮만이 내 뒤통수를 쳤다.

여름이 아닐 때도 여름밤의 냄새를 맡을 수 있는 향수를 찾아다녔지만, 향수는 좋기만 해야 해서인지 그 냄새를 구현

하지 못했다. 플랑크톤과 세균과 안 좋은 것이 섞인 냄새. 흙먼지 냄새. 불운한 기운…. 그 모든 게 합쳐져야 그리운 냄새가 되는 것인지. 나는 여행에서 돌아와, '피크민블룸'이라는 게임을 켰다. 레몬을 주웠다. 가져오는 데까지 24일이 걸린다고 했다. 노랗고 싱싱한 레몬이었다.

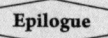

그때 내가 원한 것

"사는 거 재밌어? 이렇게 추운데?" 하고 일전에 친구에게 안부를 물은 적 있다. 지겹게 긴 1월이었던 것 같다. 기온만 변해도 삶에 대한 태도가 달라진다. 날이 더워지면 사람들은 도보에서도 풀어헤치고 다닌다. 세부에 온 것 같다. 행동은 얼마간 옷차림을 따라가게 되니까 그런 김에 하게 되는 것도 생길 것이다. 휴양지 온 김에, 비 맞아 쫄딱 젖은 김에.

여기서 말하는 여름은 시간보다 공간에 가깝다. 이 무더위와 소음 속에 몸을 풀어놓고 어떻게 되는지 보자, 싶은 공간으로서의 계절이다. 나야 비빔밥이든 엘리베이터든 섞이는 거라면 뭐든 싫지만, 여름은 어쩔 수 없이 닿고, 섞이고, 침범한다. 날 더워지는 걸 막을 수 있나. 그래도 그 김에 원하는 것은 있다. 충동과 젊음, 거기서 오는 야성을 누리기.

여름은 그 자체로는 쓰기에 적절하지 않다. 무언가를 쓰기 위해서는 대상이 가진 생명을 좀 빼야 하는데, 여름은 생명 그 자체가 아닌가. 포즈로 말하자면 엎치락뒤치락하긴 해도 결국 내가 한번 위에 있어야 한다. 쓰는 편리를 위해 여름을 이 단어들로 바꾸어 생각했다. 충동, 젊음, 야성.

찻집 앞에서 세 번째 담배를 꺼내며 지인이 말했다. "아, 요즘 좋아하는 사람 없어서 좋아요. 마음이 선선해, 가을 같아." 그는 1500원 더 비싼 담배를 태운다. 그 말을 듣는데 굵은 빗방울이 하나둘 떨어지더니 세상에 빗물이 튀고 사람들의 걸음이 빨라지고 차 본네트에 빗물이 떨어지는 게 보였다. 삽시간에 그렇게 됐다. 그는 마음이 선선해지는 방법의 하나로 나무 숟가락 깎는 일을 권했다.

내가 여태 만지고 주무른 물질은 인간밖에 없는 것 같다. 무생물을 만지고 사랑하면서 시간을 보내면 확실히 선선해지긴 할 것 같다. 또 다른 찻집을 향해 가면서 그는 내게 말했다. "우리가 바라던 맛이 거기에 있어요."

장거리 운전을 마치고 도착한 지하주차장에 차를 대놓고, 나카모리 아키나의 〈OH NO, OH YES!〉를 듣는다. 바깥으로 사람들이 장 본 것을 들고 이리저리 지나다니는 것이 느껴진다. 깜깜한 차 안에 갇혀 있으면, 음악은 시간이면서 공간이 된다. 이 노래는 너무 생생해서 꿈이라도 꾼 듯한 느낌이 든다. 이 상태를 깨뜨리기 싫어서 휴대폰도 열어보지 않고 짐도 들지 않고 곧장 집으로 간다. 그것이 외부로부터 온 과잉된 느낌을 약간 단절한 채로 즐기는 방식이다. 지금 너무 좋다고 생각할 때 내가 하는 일은 문 잠그기, 셔터 닫기다. 그렇게 해야 머리부터 꼬리까지 전부 먹을 수 있다.

여름이면 노천에서 사람 구경하는 것이 좋다. 몇 번이든 그걸 하고 싶어진다. 그것이야말로 뒤섞이는 일인 걸 모르고, "난 섞이는 건 별로, 닿는 건 별로" 그렇게 말한다. 내가 바라던 맛이 거기에 있다는 것도 모르고, 에어컨이 나오는 실내를 놔두고 땡볕에 내내 앉아 있는다.

추천의 말

　서한나의 글에서는 설탕에 절인 열대과일 향, 습기를 머금은 햇빛 냄새가 나는 것 같다. 그의 글을 읽으며 그가 들렀던 여름의 장소들을 따라 거닐 때, 왠지 덜 말라서 눅눅한 옷을 걸쳐 입은 기분이 든다. 물큰한 바람이 머리카락을 들추며 불어오고, 눈앞에는 반짝이는 바다가 석양을 잘게 부서뜨리고 있을 것 같다. 손바닥에는 끈적이는 땀이 배어 있겠지. 이 손으로는 꽝꽝 언 쮸쮸바를 들고 다닌 적이 있고 가스 닳은 라이터가 따뜻해지도록 쥐어본 적이 있고 사랑하는 이의 손이 흩어지기라도 할까 붙잡았던 적 있다.

　왜 한 번도 미지근했던 적은 없을까. 우리가 사랑하는 것들은 언제나 우리의 온도를 무섭게 높이거나 아주 빼앗아갔다. 미지근하거나 싱거운 것과는 거리가 멀었다. 그러나 서한나는, 달아 빠진 것만 좋아하다가 닳아 빠진 사람이 여기 있다고 싱겁게 웃어 보일 것도 같다. 그런 그를 보고 있자면 나는 그만 사랑에 빠질 것 같은데…. 온갖 감각이 뒤범벅되어 아찔하게 현기가 일고 마는 계절처럼, 그는 나의 숨을 틀어막으러 온 게 틀림없다. 그가 열어젖힌 여름의 문 틈새로 마그마 같은 열기가 밀려 들어온다. 때때로 열기는 한기보다 더욱 나를 떨게 한다. 가슴 떨리는 사랑의 속삭임이 은어 떼처럼 귀를 간지럽혀도 내 삶은 드라마틱할 리 없지만…. 서한나와 여름을 배회할 때, 내 머릿속에서는 스프링클러가 돌아간다. 숨소리는 거의 휘파람에 가깝다. 이제 내가 사랑한 여름의 장소마다 그가 서 있다.

-고선경, 시인·《샤워젤과 소다수》 저자

여름에 내가 원한 것
ⓒ 서한나, 2025

초판 1쇄 발행 2025년 8월 7일
초판 2쇄 발행 2025년 8월 25일

지은이 서한나
펴낸이 유강문
편집1팀 김진주 이연재
마케팅 김한성 조재성 박신영 김애린 오민정
펴낸곳 ㈜한겨레엔 www.hanibook.co.kr
등록 2006년 1월 4일 제313-2006-00003호
주소 서울시 마포구 창전로 70 (신수동) 화수목빌딩 5층
전화 02) 6383-1602~3 | 팩스 02) 6383-1610
대표메일 book@hanien.co.kr
ISBN 979-11-7213-304-7 (03810)

책값은 뒤표지에 있습니다.
파본은 구입하신 서점에서 바꾸어 드립니다.